살아
있는
시간

살아 있는 시간

다른 시간을 꿈꿀 권리

時間

이종건 지음

궁리
KungRee

차
례

1

프롤로그

오늘날 대한민국에서 사는 일은 결코 녹록지 않다. 살아내는 것이 힘겨우니, 잘 사는 것은 언감생심이다. 이 땅의 대부분의 사람들은 잘 살기보다 무탈하게 사는 것을 목표로 삼는다. 살아내는 것이 삶의 최우선 과제다.

박근혜 대통령은 제71회 광복절을 맞아, "언제부터인지 우리 내부에서는 대한민국을 부정적으로 묘사하는 잘못된 풍조가 퍼져가고 있다."며, "위대한 현대사를 부정하고 세계가 부러워하는 우리나라를 살기 힘든 곳으로 비하하는 신조어들이 확산되고 있다."고 국민을 나무랬다. 그러고는 "이제 다시 대한민국 발전의 원동력이었던 도전과 진취, 긍정의 정신을 되살려야 한다.”고 힘주어 말했다. “할 수 있다는 용기와 자신감을 갖고 함께 가는 공동체 의식으로 함께 노력하면 우리는 할 수 있다.”고 독려했다.

필자가 보기에 대통령의 인식에는 몇 가지 문제가 있다. ‘헬 조선’으로 대표되는 대한민국의 부정적 묘사는, OECD의 지표들(예컨대 ‘더 나은 삶의 질 지수’)이 보여주는 명백하고 객관적인 사실인데, 그것을 단순히 ‘잘못된 풍조’로 몰아간다. 그리고 우리 모두 잘 알고 있듯, 가정폭력이며 쇼윈도 부부가 말해주듯, 밖(세계)은 멀쩡하거나 심지어 부러운 지경이어도 정작 안이 엉망인 경우들이 적지 않다. 게다가 정치 지도자들이 꽃노래처럼 부르는 ‘함께하는 공동체 의식’에는 우리 각자의 정신이나 태도를 동일성으로 수렴하려는 전체주의 기운이 늘 스며 있다. 비판정신을 소중히 여기지 않으면 혹은 대면하지 않으면, 권력은 반드시 나쁜 쪽으로 흐르기 마련이다. 그보다 더 중요하게, 사태를 초파리 눈알만큼이나마 더 낫게 만들기 위해서는, 사태를 명징하게 인식하고 정직하게 대하는 것이 일차적이다.

권력을 가진 자들 중 진실로 우리를 위하는 사람은 (극)소수다. 앞에서는 우리를 위한답시고 뒤에서는 자신들을 위한다. 그리해야 권력을 쥘 수 있고, 쥔 권력을 지속가능하게 할 수 있기 때문이다. 그런 가면 인간들이 나타나지 않는 뉴스를 보는 일은 정말 드물다. 그러니 살아내는 것도, 더 나아가 잘 살아가는 것도 모조리 우리 몫이다. 언제부턴가 우리 사는 세상이 갈수록 힘들다. 희망은 고사하고 살아갈 (먼) 앞날이 살수록 어둡다. 그래서 시인은 "잘 살고 있니?"라는 친구의 메시지에 선뜻 답하지 못한다. 그리고서 잘 사는 것이 도대체 무엇을 뜻하는지 곰곰이 생각하며 다음처럼 쓰고 있다.

"잘사는 것이 물질에만 해당되는 것이라면, 잘 사는 것은 정신에 상당 부분 기대어 있다. 계절의 변화를 감지하고 미소를 짓는 것, 문득 떠오른 친구에게 안부를 묻는 것, 신문으로 접한 타인의 죽음을 애도하는 것, 자기 전에 하늘을 올려다보고 육안으로 보이는 별의 개수를 세어보는 것 등 잘 사는 것에는 삶의 결을 헤아리는, 하루하루의 의미를 찾으려는 능동적 태도가 수반된다. 또한 잘 사는 것은 주변에 마음을 쓸 것, 더 나은 사회를 위해 행해지는 피땀 어린 움직임들을 헤아릴 것, 어떤 경우에도 비겁해지지 않을 것 등 삶의 목표나 의지와 연결되기도 한다."[1]

시인이 제시하는 잘 사는 삶은, 대개 공간이 아니라 시간의 차원과 맞물린다. '잘 사는 것'과 달리 '잘사는 것'을 구성하는 것은 물질로서 공간적이다. 그러고 보면, 우리는 늘 시간에 떠밀려, 도대체 시간이 무엇인지 제대로 생각해본 적 없이 살았다.

세상은 나날이 더 빠르게 돌아간다. 세상은 점점 큰 것이 작은 것을 흡수하는 것이 아니라, 빠른 것이 느린 것을 지배하는 세상으로 변해간다. 세상의 속도가 빨라지는 것은, 매사가 그렇듯, 장단점이 있다. 좋은 점은 세상이 (위계적) 인습에 고착되지 않는다는 것, 그래서 다수성과 민주화로 전개되는 것을 (보수의 힘이) 막기 힘들다는 것이며, 나쁜 점은 속도를 따라가느라 대개의 사람들이 마음 챙기기 어렵고, 그래서 "먹고 기도하고 사랑하기Eat Pray Love"[2]가 더 힘들다는 것이다.

---

1   오은, 「잘 살고 있니?」, 경향신문, 2016. 7. 27.

2   〈먹고 기도하고 사랑하라(Eat Pray Love)〉(2010)는, 미국의 작가 길버트(Elizabeth Gilbert)의 에세이 『먹고 기도하고 사랑하라(Eat, Pray, Love)』를 바탕으로 만든 영화다. 영화 주인공인 서른한 살의 저널리스트 리즈는, 안정된 직장, 번듯한 남편, 맨해튼의 아파트까지 모든 것이 완벽하지만, 언젠가부터 그것이 정말 자신이 원했던 삶인지 의문이 든다. 그리고 '진짜 자신'을 찾고 싶다. 그녀는 마침내 용기를 내어 일, 가족, 사랑 등 자신의 일상을 이루는 모든 것을 뒤로 한 채 무작정 긴 여행을 떠난다. 그러고선 이탈리아에서 신나게 먹고, 인도에서 뜨겁게 기도하고, 발리에서 자유롭게 사랑하며 진정한 행복을 느끼는 자신을 발견한다. 위키피디아.

나는 이 책에서 시간의 관점에서 '살아내는 것'과 '잘 사는 것'을 하나로 통합할 방도를 궁리한다. 시간의 차원으로 세상을 해명해봄으로써, '잘사는' 사람만 '잘 사는' 것이 아니라, 모든 사람이 잘 사는 길과, 그러한 삶을 살 수 있게 할 생활세계를 지어낼 방도를 모색한다. 그러므로 이 책의 일독을 권하는 사람들은, 이 땅에 사는 모든 사람들과 이 땅에 사는 모든 사람들을 위해 공간과 사물을 짓는 디자이너들이다. 진실로 살아 있다는 것이, 진실로 살아 있는 삶을 산다는 것이 도대체 무엇인지 고민하는 일이야말로, 삶의 가장 중요한 과제가 아니겠는가?

2

저녁이 '없는' 삶

'저녁이 있는 삶'은, 손학규가 2012년 대선 캠페인으로 내건, 그리고 그가 출판한 책 제목이다. 그가 대통령이 되었다면, 우리는 과연 지금 저녁이 있는 삶을 살고 있을까? 경제협력개발기구OECD가 발표한 2016년 '더 나은 삶의 질 지수Better Life Index'에 따르면, 우리에게는 여전히 저녁이 없다. 한국은 '일과 삶의 균형' 항목에서 터키 · 멕시코 다음으로 나쁘다. 노동시간은 여전히 최하위이며 개인시간 또한 하위권이다. 사정이 더 나쁜 것은, 그렇게 일해도 서민들은 죽을 때까지 아파트 한 채 장만하기 어렵다는 것이다.[3] 평균 매매가가 4억 원 정도이니,

집 장만이 아니라 아파트 전세(수도권 평균 2억 5천만 원, 전국 2억 3천만 원) 값도 마련하기 어렵다. 세상이 잘못되어도 한참 잘못되었다. 잘못된 세상을 바로잡기 위해 더불어민주당은 20대 총선 때 '칼퇴근법'을 공약했는데, 여당이든 야당이든, 지금까지 살면서 어떤 정치공약도 제대로 실현시키는 일을 본 적 없으니, 낙관은 금물이다.

칼퇴근을 법으로 강제할 수 있다면야, 그것은 분명 좋은 일일 수밖에 없다. 그런데 만에 하나 그리할 수 있다 한들, 그것이 '저녁이 있는 삶'을 보장하리라는 기대는 순진하다. 〈카카오톡이 무서운 노동자들〉 포럼에서 김기선 한국노동연구원 부연구위원이 발표한 "스마트기기 업무 활용의 노동법적 문제"에 따르면,[4] 근로자 86.1퍼센트는 퇴근 후에도 스마트폰 등으로 업무를 봐야 한다. '속도의 철학자'라 불리는 프랑스 문화이론가 비릴리오Paul Virilio는 21세기를 맞아 다음과 같이 말했다.

3　토마 피케티(Thomas Piketty)가 알려준 바처럼, 노동으로 버는 소득은 자본(돈)으로 버는 소득을 따라잡을 수 없다. 자본이 없는 사람은 현재의 체제에서는 뼈 빠지게 일하는 것만으로는 결코 가난을 극복할 수 없다. 지금의 세상은 불평등이 구조적으로 심화될 수밖에 없는 구조로 구성되어 있다.

4　이 발표 자료는 전국 제조업·서비스업 근로자 2402명을 설문 조사한 결과를 바탕으로 했다. http://blog.goodjobgg.or.kr/220746904800

"고용된 사람들의 일하는 시간과 사적인 삶 간의 구분을 없앨 수 있도록 하는 휴대폰에 열정을 갖는 후기산업 회사들에게 우리는 무어라 말할 것인가? 혹은 단순히 '파트타임'이 아니라 휴대폰을 제공해 지참하게 하는 '제로시간' 계약을 도입하는 영국 회사들에게 무어라 말할 텐가? 회사는 당신이 필요할 때 전화하고, 당신은 뛰어온다."[5] 150여 년 전 마르크스는 이렇게 말했다. "살아 있는 노동이 자본을 소모한다고 말하는 것은 근본적인 오류다. 자본이 (…) 삶을 소모한다." 우리의 삶이 자본에 의해 소모된다는 것, 그러니까 자본의 구조에 맞물려 있는 한, 우리는 우리의 삶을 살 수 없다는 것이다. 우리의 삶을 우리가 살 수 없는 세상이라니, 기막히고 무섭다.

어릴 때 곧잘 들었던 '시간은 돈'이라는 표현은, 이제 자명한 사실이 된 까닭에 듣기 힘들다. 오늘날의 '지구화된' 생활환경에서는 속도와 이동성이 부富와 결합되어 있다. 돈이 없는 사람은 속도도 이동성도 떨어진다. 시간과 공간에 속박된다. 그래서 자신이 원하는 방식으로 쓸 수 있는 시간이 턱없이 부족하거나 아예 없다. '돈 많은 사람은 자가용을 타고, 돈은 없지

---

5   Paul Virilio, *The Information Bomb*, Verso, 2000, 67쪽.

만 시간이 있는 사람은 버스를 타고, 돈도 없고 시간도 없는 사람은 지하철을 탄다.' 한동안 회자되었던 이 말은 그것의 한 양상을 나타낸다. 그런데 우리 자신이 원하는 방식으로 쓸 수 있는 시간이 크게 부족하거나 없는 것은 우리가 특히 심하지만, 현대인의 삶의 보편적 양태다. 서구의 경우, 예컨대 에밀리 포스트Emily Post의 보고에 따르면,[6] 남편을 잃은 여인이 애도에 쓸 수 있도록 허락된 공식 기간이 1927년에는 3년이었다가 1950년에는 6개월로 줄었다. 그리고 1972년에는 사별을 당한 사람들이 "장례식이 끝난 후 일주일 정도 이내에 일상적인 사회적 과정을 추구하거나 추구하려고" 애쓰도록 권고하고, 대부분의 기업들은 사별을 위한 유급휴가를 오직 직계가족에 한정한다. 리프킨Jeremy Rifkin에 따르면, 미국 비즈니스는 "애도 의무나 애도 의식에 대한 공동체 참여를 점점 줄이도록 조장"해, 지난 수십 년 동안 참여수가 전반적으로 줄어들었다. 수면 시간도 현격히 짧아졌다. 1930년대에는 미국인들이 평균 9.5시간을 잤으나, 1960년대에는 8시간, 그리고 지금은 겨우 6.5시간을 잔다. 1930년대에 비해 54퍼센트 줄어든 셈이다.[7]

6 Jeremy Rifkin, *Time Wars: The Primary Conflict in Human History*, Touchstone, 1987, 62쪽.

7 퀸터(Sanford Kwinter). The Space of Communication이라는 프로젝트의 첫 단계가

마르크스의 말처럼 생산수단이 몸밖에 없는 노예 신세인 피고용인들은, 인간적인 삶을 살 여건이 거의 마련되지 않는다. 대학들은 '비정년트랙' 제도를 도입해, 9급 공무원보다 적은, 2천만 원이 채 되지 않는 연봉으로 교수를 고용해 쓰면서도,[8] 대학평가 지표 향상을 위해 온갖 양태로 시간을 뺏는다. 오늘날은 정신노동자든 육체노동자든 (인간적인 삶을 위해 써야 할) 시간을 거의 모조리 돈벌이(생산)에 헌납하는데, 심지어 그 이외의 시간마저, 사랑이나 우정이나 보육이나 시민활동이나 개인적인 정신 함양이나 지적 혹은 감각적 자극이 아니라, 생산력을 회복해야 하는 시간, 곧 생산 준비시간으로 써야 한다.

노예의 삶을 거부한 채 살아가는 것도 무척 힘겹다. 자유인으로 살기 위해 치러야 할 희생이 감내하기 어렵다. 얼마 전 널리 알려진 시인 최영미의 형편이 하나의 사례다. 1990년대 첫 시집 『서른, 잔치는 끝났다』로 소위 '공전의 히트'를 쳐(출간 6개월 만에 35만여 부가 팔렸다) 베스트셀러 작가가 된 그녀였지만, 최근 근로장려금(심사를 거쳐 받는 금액은 연간 59만 5천 원) 대상

끝난 2007년 3월 3일부터 6일까지 프랑크푸르트에서 베툼(Johan Bettum)과 가진 인터뷰.
8 인문계열 박사 취업자 42.1퍼센트는 연봉이 2천만 원이 채 되지 않는다. 한겨레, 2016. 2. 11.

자가 되었다는 사실로 세인들이 놀랐다. 문화체육관광부가 지난 3월 발표한 '2015 예술인 실태조사' 결과에 따르면, 예술인들이 예술활동으로 1년 동안 벌어들인 평균 수입은 1255만 원으로 월 100만 원 정도다. 문학인은 1년 평균 수입이 214만 원으로, 그것의 반의반도 안 된다. 그리고 1년간 한 푼도 벌지 못했다는 예술인도 36.1퍼센트다. 2011년 시나리오 작가 최고은(1979년생)이 전기와 가스가 끊긴 방에서 며칠을 굶다 홀로 세상을 떠났다. 이웃집 문에 남긴 쪽지는 특히 사회적 충격이었다("며칠째 아무것도 먹지 못했으니 남는 밥이랑 김치가 있다면 저희 집 문 좀 두드려 달라"). 충격이 여의도까지 확산되어 소위 '최고은 법'이라 부르는 예술인복지법이 마련되었다.[9]

우리나라 법은 늘 사후약방문이다. 그리고 대개 형식에 그친다. 예술인복지법의 수혜는 현실적으로 미숫가루 값에도 못 미친다. 법이 제정되고서도 여러 문화예술인이 생활고로 세상을 떠났다. 지난해에는 연극배우 김운하(40세)와 영화배우 판

9　예술인복지법이 정하는 기준에 해당될 경우 예술인은 산재보험에 가입할 수 있는데, 법 시행(2012년 11월 18일) 이후 2016년 5월 11일까지, 예술인의 산재보험 가입 건수는 모두 984건이다. 그마저 절반가량은 3개월 이상 보험료를 내지 않아 자동 해지된 상태다.

영진(59세)이 쓸쓸하게 죽었다. 그 후 정부와 정치권은 또다시 예술인 복지 제도를 손보겠다고 약속했다. 지난 4월 말경에는 인천의 원로 시인 랑승만이 작고했다. 시인 최일화가 전하는 바에 따르면 대충 이렇다. "시 한 편을 쓰면 10년은 더 살고, 시 한 편 발표하면 20년은 더 살고, 시집 한 권 세상에 내놓으면 30년은 더 산다."고 쓴 랑승만 시인은, 그야말로 시를 목숨으로 삼아 "헤아릴 수 없는 가난과 고독, 고통 속에서" 19권의 시집을 펴냈다. 그런 그가, 생애 굵직한 문학상도 몇 번 탔지만, 87세의 누나와 91세의 매형이 지키는 빈소를 찾은 몇 안 되는 문상객들에게, 커피 한 잔 타 드리는 것으로 이승의 마지막 식사 대접을 대신했다. 동국대 국문과를 졸업한 시인은 동국대 출신 문인들과 폭넓은 교류도 하고, 김관식, 천상병, 고은 등과 아주 각별한 사이였지만, 50세에 뇌졸중으로 쓰러져 병상생활을 하면서 문단에서 거의 잊혀졌다. 빈소는 한산했다. 노시인이 세상을 떠난 마지막 길은 참으로 초라하고 쓸쓸했다.

자본(가)의 노예로 살아도, 거기서 벗어나 자유인으로 살아도 인간적인 삶을 살기 어렵다. 성공적인 삶 곧 진실로 인간적인 삶이란, 오직 자신의 힘에 근거해 기쁨과 의미를 누리며 사는 삶일 텐데, 그러기 위해서는 우선 시간 문제를 해결하지 않을 수 없다. 급진적인 그래서 가장 확실한 방법은, 주어진 삶 가운데서 문제를 해결할 것이 아니라, 자신이 원하는 만큼 그리고 자신이 원하는 방식으로 시간을 쓸 수 있는 삶의 형식을 찾거나 만들어내는 것이다. 이 일은 적지 않은 욕망을 포기해야 하는, 그러고서도 엄청난 고난을 견뎌야 하는 까닭에, 궁극적으로 개인이 오랜 숙고 끝에 결단해야 가능할 일이다.

인간은 무엇보다 시간적인 존재다. 주어진 시간만큼 살다가 시간이 다하면 죽는다. 인간의 삶은 시간 속에 전개된다. 그러니 시간(의 질)이 곧 삶(의 질)이라고 할 수 있겠다. 오래전에 흔히들 가끔 던졌던 진부한 질문인 "먹기 위해 사는가, 살기 위해 먹는가?"를 고쳐 이렇게 다시 묻는다. "우리는 진정 살기 위해 살고 있는가?" 이 글은 이 물음을 끌어안은 채 인간 실존의 바탕인 시간의 문제를 숙고한다. 그리고 그로써 사물을, 공간을, 이미지를, 이야기를 짓고 쓰는 법을 궁리한다.

3

시간

인간의 역사 곧 문명의 역사는 기술에 의한 공간 정복의 역사[10]다. 더 적은 시간으로 더 많은 공간을 정복해가는 역사. 『젊은 베르테르의 슬픔』으로 전 유럽에 큰 문학적 명성을 한창 떨치던 괴테는, 서른일곱 번째 생일을 마친 새벽 3시 몰래 마차를 타고 '거의 두 달이 걸리고서야' 평생 동경했던 로마[11]에 입

10　기술의 궁극적 지향은 인간이 신이 되도록 하는 데 있다.
11　괴테는, 벤야민에 따르면, 대도시를 싫어해 베를린에는 평생 가지 않았고 고향인 프랑크푸르트도 내키지 않은 마음으로 단 두 번 방문했으며, 대부분의 여생을 6천 명 인구의 소도시 바이마르에서 보냈다. 그런 그가 로마 땅을 밟은 날을 '자신의 진정한 삶이 다시 시작된 제2의 탄생일'이라 했다.

성했다. 얼마 전 실험에 성공한 음속 자기부상열차 '하이퍼루프원'이 상용화되면,[12] 서울-부산이 16분 거리로 줄어든다. 스마트폰은 세상의 모든 거리를 없앤다.

그렇게 인간은 공간을 지배하는 권능을 키워가지만, 그리고 10년마다 꾸준히 2~3년씩 수명 또한 늘려가지만(건강과 수명 또한 빈부의 격차를 반영한다), 시간 앞에서는 무기력하다. 무대책하고 속절없다. 권력과 부귀와 명예도 죽음 앞에서는 아무 소용없다. 그리고 오래 산다고 해서 딱히 충만한 삶을 살았다고도 할 수 없다.[13] 짧아도 풍요로운 삶을 살 수 있고, 길어도 빈한한 삶을 살 수 있으니 말이다. 미국의 유머작가이자 저널리스트인 마퀴스Don Marquis는 이렇게 말했다. "오래 살면서 내내 지겨운 것보다, 한순간에 행복한 것이, 아름다움으로 불타는 것이 더 좋다." 삶을 어찌 살았는지, 그리고 어찌 살고 있는지

12　롭 로이드 하이퍼루프원 최고경영자에 따르면, 화물 운송은 2019년까지, 그리고 승객 운송은 2022년까지 상용화될 전망이다. http://www.focus.kr/view.php?key=2016051200131939415

13　노인학의 선구자 스티글리츠(Edward J. Stieglitz)는 이렇게 말했다. "중요한 것은 인생의 햇수가 아니라 그 햇수 동안 산 삶의 양이다." 그리고 미국의 시인이자 수필가인 애커먼(Diane Ackerman)은 이렇게 말했다. "나는 내 삶의 끝까지 가서 내가 산 내 삶의 길이를 알고 싶지 않다. 나는 내 삶의 폭 또한 살아가기 원한다."

는 무엇보다도 자신이 잘 안다. 그런데 단 한 번 주어지는 삶이니 우리 모두 충만하게 살아야 하는데, 희한하게도 거의 모든 사람들은 그 문제를 심각하게 고민하지 않는다. 철학자는 무반성적인 삶은 가치 없다 여긴다.[14]

생명 혹은 삶은 곧 시간이다. 그리고 삶의 질은 시간의 질과 맞물린다. 그런데 시간이란 무엇인가? 이 물음에 대해 아우구스티누스는 『고백록』에서 다음과 같이 대답한다. "아무도 내게 묻지 않는다면 나는 그것이 무엇인지 안다. 그것을 나에게 묻는 사람에게 내가 설명하려 한다면 나는 모른다."[15] 왜 그런가? 과거는 더 이상 존재하지 않고, 미래는 아직 존재하지 않는데, 그렇다고 해서 현재를 항상 현재라고 한다면 그것은 시간이 아니기 때문이다. 시간이 존재하게 되는 것은, 그것이 오직 과거로 사라져가기 때문이다. 그렇다면 시간이란 어디에 있는가? 그리고 그것은 도대체 무엇인가? "시간이 어디에 있든, 그것이 무엇이든, 그것은 (…) 오직 현재로서만 존재한다."[16] 진실로 존

---

14 소크라테스는 다음처럼 말했다. "검토하지 않은 삶을 살 가치가 없다."

15 St. Augustine, *Augustine: Confessions and Enchiridion*, trans. and edit. by Albert Cook Outler, Christian Classics Ethereal Library, Book Eleven, Chapter XIV. http://www.ccel.org/ccel/augustine/confessions.html.

16 같은 책, Book Eleven, Chapter XVIII.

재하는 시간은 현재밖에 없다. 따라서 미래도 과거도 존재하지 않는다. "그래서 과거, 현재, 미래라는 세 개의 시간이 존재한 다고 말하는 것은 타당하지 않다."[17] 그럼에도 불구하고 우리의 영혼에는 세 개의 시간이 공존하는 까닭에 아우구스티누스는 그것들을 각각 '기억으로서의 현재', '주목으로서의 현재', '기 대로서의 현재' 등으로 해명한다. 시간이 존재하는 근거는 기 억, 주목, 기대라는 순수하게 주관적이고 내적인 정신작용이라 는 것이다. 따라서 과거는 기억함으로써 존재하는 까닭에 기억 하지 않으면 존재하지 않고, 현재는 주목할 때 존재하는 까닭 에 주목하지 않으면 존재하지 않고, 미래는 기대함으로써 존재 하는 까닭에 기대하지 않으면 존재하지 않는다. 한마디로 시간 은 우리의 의식이 만들어낸 구성물이라는 것이다.

아우구스티누스의 주관적 시간론은 차후 칸트, 베르그송, 후설, 하이데거 등으로 이어지는데, 후설에 따르면 우리의 의 식은, 반성의 주체(노에시스; noesis)이자 반성의 대상(노에마; noema)이다. 그리고 이 둘 사이를 왕복하는 것이 의식의 활동 (흐름)으로서 시간의 근원이다. 이것이 뜻하는 바는, 시간은 의

17　같은 책, Book Eleven, Chapter XX.

식(주목)하지 않는 한 존재하지 않는다는 것이다. 그러니까, 반성 없이 목전目前의 사태에 매몰된 채 사는 것은 '무시간적으로' 사는 것이라는 뜻이다. 앞서의 아우구스티누스의 견해처럼, 기억하지 않으면 과거가 존재하지 않고, 주목하지 않으면 현재가 존재하지 않고, 기대하지 않으면 미래가 존재하지 않는 까닭에 그러하다. 따라서 의식의 활동이 없는 삶은, 존재로부터 이탈해 부초처럼 떠다니는,[18] 아무런 삶의 흔적이 남지 않고 사라지는 명멸의 삶이라고 할 수 있겠다. 돌이켜볼 삶의 내용이 남아 있지 않으니 문득 돌이켜보면 마치 시간(삶)을 도둑맞은 기분이다. 시간은 그래서 짧다. 프랑스의 철학자이자 윤리학자인 라브뤼예르Jean de La Bruyère는 이렇게 말한다. "자신의 시간을 최악으로 쓰는 사람들이 시간이 짧다고 가장 먼저 불평한다." 거꾸로 말하자면 스토아학파 철학자 세네카Lucius A. Seneca의 말처럼 "잘 살면 삶은 충분히 길다."

베르그송이 『물질과 기억』(1896)에서 제시한 시간론은, 아우구스티누스 이후 가장 탁월한 것이어서 일별할 가치가 충분

---

18 "시간이야말로 모든 존재의 근원이다." 김재희, 『물질과 기억: 반복과 차이의 운동』, 2008, 살림, 212쪽.

하다. 그에 따르면, 시간의 차원에서 물질은 오직 이미지이고 정신은 오직 기억이다. 여기서 이미지란 끝없는 파동적 흐름 속에 있는 물질들의 운동의 순간적 단면 곧 순간에 파악한 존재자를 뜻하고, 기억이란 과거를 보존할 뿐 아니라 현재로 연장되어 미래를 열어가는 것으로서 '지속'을 뜻한다. 베르그송에게 '지속'은, 관념적 도식에 불과한 공간과 달리, 실재다. 그리하여 기억이야말로 삶의 알맹이라 할 수 있다. 달리 말해, 삶의 실재성은 기억의 정도에 따른다는 것이다. 그렇다면 시간의 차원에서 가장 중요한 문제는 기억인 셈인데, 기억은 어떻게 생성되고, 어떻게 출현하는가? 그리고 그것의 강도는 어떻게 결정되는가?

우선, 기억이 출현하는 방식부터 보자. 베르그송은 기억을 두 가지로 구별한다. 하나는 우리 몸에 일정한 운동기제 형태로 각인되어 기계적으로 작용하는 '습관기억'이며, 다른 하나는 정신이 능동적으로 대상을 파악할 때 참조하는 표상 형태로 보존된 '이미지기억'이다. 여기서 흥미로운 것은, 일상의 유용성을 목표로 하는 '습관기억'과 달리, '이미지기억'은 유용성의 관심으로부터 벗어나 어느 정도 여유를 가질 때 가능하다는 점이다. 그것은 본질적으로 현재(의 행동)와 무관하기 때문이다. 베르그송은 다음처럼 쓰고 있다. "과거를 이미지의 형태 아래 떠올리기 위해서는 현재적 행동으로부터 초연해질 수 있어야 하고, 무용한 것에 가치를 부여할 줄 알아야 하고, 꿈꾸려고 해야 한다. 아마도 인간만이 이런 종류의 노력을 할 수 있을 것이다."[19] 그렇다고 해서 우리 마음대로 '이미지기억'을 떠올릴 수 있는 것은 또 아니다. 그것은 마치 프루스트의 『잃어버린 시간을 찾아서』의 마들렌 과자처럼 우리의 의지와 무관하게 문득 떠오른다. 베르그송은 그것을 '우발적 기억'이라고 부르기도 한다. 필자의 작은 형님은 어느 날 아침 중학생 시절 담임선생에게 억울하게 맞은 손바닥 고통이 떠올라 서러움에 펑펑 울었다.

둘째, '이미지기억'은 우리가 전 생애 동안 경험한 것들의 총체로서, "절대적으로 자족적이고, 그것이 생겨난 모습 그대로 존속하며, 그것이 동반하는 모든 지각들과 함께 내 역사의 환원할 수 없는 순간을 구성한다."[20] 그리하여 베르그송이 '순수기억'이라 부르는 그것은, 우리 몸에 종속되지 않은 채 '오직 잠재적으로', 현재가 아니라 과거에 존재한다. 베르그송은 『창

---

19 황수영, 『물질과 기억, 시간의 지층을 탐험하는 이미지와 기억의 미학』, 그린비, 2006, 137쪽.
20 같은 책, 134쪽.

조적 진화』에서 다음처럼 쓰고 있다. "과거는 그 자체로 자동적으로 보존된다. 과거는 아마 전체로서 매 순간 우리를 따라온다. 우리가 최초의 유년기로부터 느끼고 생각하고 원했던 모든 것이 거기 있으며, 곧 그것에 합류하게 될 현재에 기대어, 그것을 바깥에 남겨두고자 하는 의식의 문을 밀어내고 있다. 두뇌의 운동기제는 거의 모든 기억을 무의식 속에 억압하기 위해서, 그리고 의식 속에서 현재 상황을 조명하고 행동이 준비되는 것을 도와 결국에는 유용한 일을 낳을 수 있는 것만을 끌어들이기 위해 만들어진 것이다."[21] 지각은 언제나 운동을 동반하는 "가능적 행동"으로서 몸의 실용적 기능과 맞물려 있는 데 반해, '이미지기억'은 '지금 여기'의 실용성과 동떨어져 있기 때문에 의식의 수면 아래 잠복된다. 그런 까닭에, 현실에서 비교적 자유로운 순진한 어린아이들이 그것을 떠올리는 능력이 뛰어나다. 그렇다고 해서 기억과 무관한 지각 곧 '순수지각'은 현실적으로는 성립하지 않는다. '순수지각'은 단순히 하나의 개념으로서 '권리상'의 차원이지 '사실상'의 차원이 아니다.[22] 지각은 '항상 그리고 이미' 기억과 하나의 회로를 형성한다. 기억

21   같은 책, 96쪽.
22   같은 책, 83쪽.

과 무관한 지각은 없다.

그러한 까닭에, 마지막으로 삶의 실재성의 강도 곧 기억의 강도는, 기억이 지각(과 상상력)에 영향을 주는 정도에 따른다. 존재론적으로 '지속'[23]의 역동성에 따른다. 보존된 과거가 현재까지 연장되어 현재와 얼마나 상호 침투하느냐, 그리고 그리해서 지각을 보강하고 확장할 뿐 아니라 그로써 반복에 그치지 않고 차이를 생성함으로써 얼마나 창조적인 미래를 열어젖혀 나가느냐가 관건이다. 지각 이미지는 이미지들의 세계에서 '지금 여기' 관심 없는 것을 제거하고 남은 것으로, 마치 산문언어가 의미전달을 위해 사라지듯, 행동에 흡수되어 사라진다. 스스로 빛나는 사물(이미지)들은 몸에 의해 걸러져 현상하는데, 어떤 경우 그러니까 자동적으로 그리되지 않을 경우, 우리의 의식은 더 세밀한 지각을 위해 기억의 심층으로 들어가 새로운 회로를 만들어낸다.

그런데 그러한 '주의 깊은' 지각마저 사물의 식별에 실패하

23　실제적인 시간은 정도의 차이는 다르지만 언제나 지속인 까닭에, 과거와 현재와 미래가 수학적으로 구분되지 않는다.

면, 의식은 더 광대한 영역인 '순수기억'과 마주한다. 그때 "이
미지는 오히려 고유하게 잠재적인 요소들, 즉 기시감으로 이
루어진 감정, 혹은 과거 '일반'의 감정('어디선가 나는 이 사람을
본 것 같다'), 꿈의 이미지('그를 꿈에서 본 것 같다'), 환상이나 연
극적 장면과 관계하게 된다."[24] 들뢰즈는 이것을 '꿈 이미지'라
고 부르지만, 베르그송에게 꿈은 단지 '순수기억'의 우발적 현
존을 보여주는 사례에 불과하다.[25] 베르그송에 따르면, 우리의
기억이란 근본적으로 우주적 지속의 일부가 몸이라는 이미지
에 포착된 것이다. 따라서 정신의 풍요로움은 '지속'(의 확장)과
맞물린다. 베르그송은 『창조적 진화』에서 다음처럼 쓰고 있다.
"내 영혼의 상태는 시간의 길 위를 전진하면서 그것이 끌어 모
으는 지속으로 끊임없이 부풀어간다. 그것은 말하자면 자기 자
신을 가지고 눈사람을 만든다."[26] '지속'은 '순수기억'으로 보존
된다. 따라서 시간적 차원에서 한 개인의 삶의 분량 혹은 밀도
는, 보편적 지속과 생성의 세계에 참여하는 각 개인이 거기서
자신의 몫으로 돌려받은 시간의 총체 곧 '순수기억'에 달렸다
고 할 수 있다.

---

24   같은 책, 199쪽.
25   같은 책, 200쪽.
26   같은 책, 212쪽.

4

일상(성)

우리가 일상의 삶을 '지속'이 아니라 무시간적(피상적)으로 사는 것은, 목전目前의 사태에 붙잡혀 있기 때문이다. 목전의 사태에 붙잡혀 사는 것은, 대개 먹고 살기 위해 돈을 벌어야 하기 때문이다. 그런데 문제는, 돈을 벌어야 하는 시간이야 어쩔 수 없다손 치더라도, 그렇지 않은 때에도 그러하다는 것이다.

적지 않은 사람들이 돈벌이에 지쳐 '번아웃'된 몸과 마음을 회복하기 위해 쉬어야 하는 형편에 처해 있는 것은 참으로 슬프고 가슴 아픈 일이다. 이러한 '비인간적인' 삶에서 벗어나는 길은, 최소한의 삶의 존엄(소박하지만 일용할 양식, 남루하지만 입을 옷 몇 가지, 그리고 누추하지만 비와 바람과 더위와 추위를 막아주는 장소)을 책임져주지 않는 이 땅에서는, 전적으로 개인의 몫이다. 자본이 없는 개인으로서는, 시간의 일정 부분을 자신이 마음대로 쓸 수 있는 방식으로 삶의 방식을 근본적으로 바꾸는 길밖에 없는데, 이 일은 삶의 가치의 획기적 조정으로써만 가능하다. 예컨대, 직업과 거주지를 포함해 돈 욕심을 후순위 가치로 두어야 할 뿐 아니라, 나아가 허영심을 줄이거나 없애고 'N포 세대'처럼 삶의 목적과 기쁨을 누리는 방식을 급진적으로 바꾸지 않고서는 불가능할 것이다. 흔히 쓰는 '선택과 집중'이라는 표현처럼, 실현 가능한 범위 안에서 자신이 살고 싶은 삶의 가치(들)를 찾아내고, 그다음 나머지 모든 것을 거기에 종속시키는 길밖에 없다.

그런데 그리하기 위해서는 자신과 자신의 삶을 먼저 찬찬히 반성하는 시간이 필요한데 이 또한 그리 쉽지 않다. 그리고 이 일은, 물리적으로 시간을 내는 것만으로는 부족하다. 앞서 개진한 '시간' 개념에 따라 말하자면, 시간을 내어야 시간이 생기는 것은 아니니 말이다. 그리고 시간이 있다고 해서 딱히 '시간적으로' 존재한다고 말할 수도 없다. 시간은 내는 것이 아니라 존재하는 방식으로 사는 것이기 때문이다. 시간은 의식이 활동하기 전에는 존재(성립)하지 않기 때문이다. 시간이 출현하고 존재하는 것은, 도구성(유용성)과 맞물린 현재적 행동을 중단한 채, 기억해냄/주목함/기대함 등의 의식작용을 활성화시킬 때다. 그러니까 정확히 말해, 무반성적 삶은, 시간이 없어서라기보다 (반성하지 않은 채 살아가는) 삶의 습관 때문이라고 말하는 편이 옳다(반성은 사실 어느 때라도 가능하다. 심지어 죽음이 경각에 달린 순간에도 그렇다). 한마디로 습관이 문제라는 것이다.

일상의 삶은, 특이한 상황을 제외하고는, 동일하거나 유사한 행위들의 반복 곧 습관화된 행위들로 수행된다. 지각의 경제성으로 인해, 매 순간 '주의 깊은 의식'을 할 수 없다. 그렇다면 습관을 문제로 보는 것은 얼핏 이상하지만, 습관은 삶의 상황과 무관하게 형성되지 않는다는 점, 그리고 그러한 상황은 사회적이라는 점을 고려하면, 전혀 이상할 바 없다. 오히려 그리해야 습관의 문제를 제대로 다룰 수 있다. 우리의 습관은 우리를 둘러싼 사회적 상황과 밀접한 관계를 맺고 있는데, 사회학자 부르디외Pierre Bourdieu는 그 연관성을 아비투스habitus로써 해명한다.

부르디외가 '습관habit'이라는 기존 용어가 있는데도 굳이 '아비투스habitus'[27]라는 새로운 용어를 도입한 이유는, 그것이 지닌 '생성 능력'을 강조하기 위해서다. 그러니까 습관은 과거의 사회화 경험들에 의해 수동적으로 구성될 뿐 아니라, 지금 당장 진행 중인 실행들을 능동적으로 구성하기도 한다는 것이다. 부르디외가 '아비투스' 개념으로써 말하고자 하는 논점은 대충 세 가지다. 첫째, '아비투스'를 구성하는 우리의 성향들은, 위계화된 사회적 계급(지위)에 공통적인 기회와 속박을 과거에 (특히 어린 시절 동안) 무자각하게 내면화한 결과다. 우리의 습관은 이미 주어진 사회의 권력구조의 수용에 따른 결과라는 것이다. 둘째, 그렇게 수동적으로 형성된 습관은, '지금 여기'의 상황에 이전과 꼭 같이 실행practice[28]하지 않고, 전략적 차원에서 즉흥적으로 바꾸어 능동적으로 행동한다는 것이다.[29] 이것

---

27 '아비투스(habitus)'라는 용어는 "가지다, 소지하다"를 뜻하는 라틴어 동사 'habere'에서 연유한다.

28 부르디외를 포함해 르페브르(Henri Lefèbvre)와 같은 사회학자들은, '행동(action)'을 "목적적이고, 합리적이고, 의지적인, 혹은 결정적인" 것으로서 보는 지배적인 미국 사회학의 관점과 거리를 두기 위해 인간행동을 '실행(practice)'이라는 말로 표현한다.

29 부르디외에 따르면, 습관은 개인이 과거의 사회화 경험으로부터 내면화한 것을 특정한 방식으로 실행하도록 하지만, 그렇다고 해서 그렇게 하도록 결정하는 것은 아니다. 아비투스의 성향들은 우리가 행동하는 양태와 방향은 부여하지만 그렇게 행동하도록 결정하지는 않는다. 아비투스의 성향들이 작용하는 방식은, 언어 사용을 구조화하면서도 실제로 무제한적인 표현형식을 허용하는 언어 문법과 유사하다. 또한 게임의 법칙

이 뜻하는 바로서, 셋째, 습관이 형성되는 것은 '반복적 사용'이 아니라 '실행의 신뢰성'에 의해서라는 것이다. 그러니까 새로운 상황에 맞닥뜨릴 경우, 한 개인은 자신의 특정한 사회적 위치에서 무엇이 가능하고, 무엇이 불가능하며, 무엇이 개연적인지 계산함으로써 자신의 습관을 바꿀 수 있다는 것이다.[30]

그렇다면 '무반성적 삶'이라는 습관은, 딱히 개인이 아니라 개인을 둘러싼 사회(세계)에 근본적인 책임이 있다고 할 수 있겠다. 단적으로 지구적 차원까지 확장된 극심한 경쟁이 추동하는 성장(업적) 지상주의의 '가속화 사회'가 문제의 뿌리인데, 이것은 자본주의에 본디부터 내재된, 따라서 그것이 아니고서는 성립할 수 없는, 자본주의의 엔진이다. 자본주의 사회에서는 가속에 적응할 수 없으면, 그래서 그것에 습관이 붙지 않으면 살아남기 힘들다. 부르디외의 '아비투스' 개념에서 흥미로운 부분은, 습관은 유추적 이전을 통해 그 근본적 형식인 생성

과 유사하기도 하다.

30　Pierre Bourdieu, *The Logic of Practice*, Stanford University Press, 1990. 습관의 변경에 대해서는 듀이(John Dewey)도 비슷한 견해를 제시했다. 듀이에 따르면, 우리의 습관은 이전과 유사한 상황에서는 다소 동일한 행동을 자동적으로 실행토록 하지만, 새로운 문제적 상황에 마주치면 유용성을 상실해서 변경해야 하는데, 이것은 합리적 숙고를 통해 발생한다.

기획을 삶의 모든 영역까지 일반화하는 능력을 지녔다는 점이다. 이것이 뜻하는 바는 사회의 속도가 우리의 몸과 영혼까지 잠식한다는 것이다. 애써 우리의 정신을 챙기지 않으면 사회의 속도에 휘둘리기 십상이다.

속도에 버릇이 들면 느긋한 마음이 사라진다. 컴퓨터가 조금만 느리게 반응해도, 파란불로 바뀌어 앞차가 조금만 늦게 출발해도, 음식이 조금만 늦게 나와도, 배달이 조금만 늦어도 짜증이 밀려온다. 메시지를 보내고는 즉답을 요구한다. 이미 영어로 표기되는 우리의 '빨리빨리Pali-pali' 습관은 어떻게 해서 생겼을까? 왜 우리는 성급한 삶을 살게 되었을까? 우리의 '압축 현대화' 역사 때문이 아닐까? 현대화된 서구 곧 선진국을 따라잡기 위해 나라 전체가 주변은 둘러보지 않은 채 정신없이 앞만 보고 달려왔으니, 우리의 영혼의 시간 또한 압축되지 않았을까? 한강의 기적은 자랑스럽고 눈부시지만, 그 대가가 심각하다. '세월호 참사'와 같은 참담한 사건 사고들을 생생히 보고서야 그것을 비로소 깨달으니, 우리의 현대사는 돌이켜보건대 참으로 미련하고 무모한 것이었다. 가혹한 경쟁에 기초한, 성장(성공)에 목매는 사회의 가장 치명적인 부작용은, '만인의 만인에 대한 투쟁'이 초래하는 비인간적 세상, 곧 만인이 불행한 세상이다.

'빨리빨리' 습관이 잃는 것은 '지속' 곧 삶의 실재성이다. 속
도가 증가되면 시야는 앞만 향한다. 뒤도 주변도 안중에 없다.
먼 앞도 없다. 기억도 전망도 없으니, 과장하면, 하루살이 삶이
다. 영원한 것, 오래가는 것, 역사적인 것 등이 사라지면서 영혼
이 납작해진다. 세계가 점으로 축소된다. 태어나서 살다 죽는
집은, 누구의 영혼에도 없다. 할아버지가 보았고, 아버지가 보
았으며, 내가 보았고, 또 우리 자식들이 볼, 그리하여 세대와 세
대가 공유할 기억물이 없다. 우리 모두 어떤 도시를, 어떤 공동
체를 꿈꾸며 실현해가야 할지 비전이 없다. 오직 새로운 것만,
그것도 잠시 새롭다 이내 낡을 단명短命의 새로움만이 삶의 동
아줄이다. 끊임없이 파괴되고 재구축되는 도시(세상)에서는,
모든 것이 한시적이다. 사물들 또한 그렇다. 스마트폰의 평균
수명은 2년이 채 안 된다.

가속화 사회에서 살아남는 대가가 그렇게 혹독한데, 경쟁에
탈락한 자들, (아직 혹은 다시) 경쟁에 끼어들지 못한 자들, 경쟁
이 끝나버린 자들에게 주어진 무한정의 시간 또한 '어찌 해야'
할 시간이다. 혹은 '어찌 할지 모르는' 시간이다. 빈 시간은 무

엇으로든 채워야 하는, 무엇이든 하지 않으면 안 되는 불안한 틈이다. 오로지 자신이 하고 싶은 것으로써 시간을 충일하게 향유하는 것은, 연습한 적도 없고 그리하라고 사회적으로 배운 적도 허락된 적도 없다. 사람들은 모두 시간에 쫓기지만, 막상 빈 시간이 주어지면 기껏해야 소비해야 할 대상으로 여길 뿐이다. 홀로 조용히 머물며 자신의 내면을 들여다본 적이 거의 없으니 그러하다.

가속화 사회에서 중단은 불가능에 가깝다. 그리하는 것은 탈락의 지름길이다. 우선은 속도 벨트를 가급적 더 열심히 밟아 한줌이나마 여유를 (더) 만들어내는 것이 급선무다. 그리해야 자신의 상품가치를 높이기 위해 무엇을 배우든, 밀린 가족사를 해결하든, 혹은 다른 일을 도모하든 할 여유가 생긴다. 정작 자신이 하고 싶어 하는 일들은, 더 나은 경쟁력을 확보해 충분한 여유를 만들어낼 때까지 미룬다. 우선 돈이 되는 프로젝트로 돈을 좀 모은 후 작업(작품)을 하겠다는 사람은 여럿 봤지만, 실제로 그리하는 사람은 본 적이 없다. 돈을 벌어 집과 차를 장만하고 어느 정도 여유를 확보한 후 사랑을 하리라는 말은, 말 그대로 공수표가 될 가능성이 지극히 농후하다. 돈이 있는 사람은 돈이 더 많은 사람을, 돈이 더 많은 사람은 돈이 무진장 많은 사람을 부러워하며 그리 되려고 애쓴다. 사람은 근본적으로 만족할 줄 모르는 동물이다.

그런데 돈을 많이 번 사람이 하고 싶어 하는 일이라는 것이, 더 많은 돈을 버는 일 말고 도대체 무엇일까? 하고 싶어 하는 바로 그 일이 돈이 없으면 할 수 없는 일일까? 한 거부巨富가 자신의 삶을 돌이켜보며 하는 후회라는 것이 기껏, 친구들이나 가족들과 보낸 시간이 너무 적었다거나, 사랑하는 사람(들)을 충분히 사랑하지 못했다거나, 아름다운 풍광을 보며 따사로운 햇살 아래 한가로운 오후를 지내보지 못했다거나 하는 것들이라고 한다면, 어찌 생각하는가?

"우리는 항상 살 준비만 하지 결코 살지 않는다." 미국의 사상가이자 시인인 에머슨Ralph Waldo Emerson의 말이다. 미국의 작가 겸 일러스트레이터 닥터 수스Dr. Seuss[31]는 이렇게 말했다. "물고기가 물어주기를 기다리거나 연을 날려줄 바람을 기다리는 것. 혹은 금요일 밤을 서성이며 기다리거나, 어쩌면 제이크

31　게이젤(Theodor Seuss Geisel, 1904~1991)의 필명인데, 어린이책 저자이자 일러스트레이터로 유명하다. 그의 여러 책은 그가 죽기 전까지 6억 부 이상 팔리고 20개 이상의 언어로 번역되었다.

삼촌이나 물 끓일 냄비나 더 좋은 휴식이나 진주 목걸이나 바지나 파마머리 가발이나 또 다른 기회를 기다리는 것. 모든 사람들은 그저 기다리고 있을 뿐이다." 인도의 시성詩聖 타고르 Rabindranath Tagore의 시 〈내가 부르고자 한 노래The song I came to sing〉의 앞 두 문장은 정곡을 찌른다.

내가 부르고자 한 노래는 지금까지 부르지 못했습니다.

나의 날들을 나의 악기의 줄들을 매었다 풀었다 하며 보냈습니다.

때가 진실로 이르지 않았으며, 가사도 제대로 준비하지 못했습니다.

오직 내 가슴에는 소망의 고뇌뿐입니다.

꽃이 피지 않았고, 바람만 한숨 쉬며 지나갑니다.

당신의 얼굴도 보지 못했고, 당신의 목소리도 듣지 못했습니다.

다만 나의 집 앞길 당신의 가벼운 발걸음소리만 들었을 뿐입니다.

당신이 앉을 자리를 펼치느라 오랜 시간을 보냈습니다.

그런데 등불을 아직 켜지 못했으니, 당신을 나의 집에 청할 수 없습니다.

당신을 만날 희망 속에 살지만, 그 만남은 아직 멀었습니다.

5

초자본주의

"생명은 죽음으로써 소멸되는 것이 아니다. 그것은 수천 가지 사소하고 무심한 방식들로 매분 매일 끌려가며 잃는다." 미국 시인 베네Stephen Vincent Benét의 말이다.

우리는 늘 이런저런 일들로 바쁘다. 그렇다고 해서, 바쁜 이유들이 대개 그리 대단하거나 중요한 것도 아니다. 미국의 비평가이자 저술가인 퀸터Sanford Kwinter가 보기에, 사람들은 이전 시대에 비해 확연히 줄어든 수면 시간을 의사소통하느라 쓴다.[32] 컴퓨터와 의사소통의 융합이 만들어낸 '컴뮤니케이션

compunication'[33]의 시대다. 사람들의 시선은 대중교통에 몸을 싣고 이동할 때나, 심지어 자신의 두 발로 걸어갈 때조차 작은 스크린을 향한다. 정신은 '지금 거기'에 둔 채 '지금 여기' 몸만 움직이는 스몸비(스마트폰+좀비)는 일상의 풍경이다. 순간순간 변하고 움직이는 빛과 바람과 나무와 사람들 곧 자신을 둘러싼 주변의 세계와 교감하는, '지금 여기'를 살아가는 사람은 이제 찾아보기 어렵다.

예전에 비해 기술은 훨씬 더 발전하고 경제와 소득수준 또한 분명히 상승했는데, 물리적으로는 삶의 형편이 더 나아졌는데, 삶의 질은 희한하게도 거꾸로 더 나빠졌다. 한국인의 물질적 삶의 조건은 경제협력개발기구OECD 가입국 중 20위지

32　독일 뷔르츠부르크 대학과 영국 노팅엄 트렌트 대학 등이 참여한 연구팀에 따르면, 사람들이 스마트폰을 확인하지 않고 있을 수 있는 시간은 평균 44초다. 여성은 57초지만, 남성은 단 21초밖에 되지 않는다. 흥미로운 점은 참가자 대부분이 자신은 스마트폰을 만진 시간이 "2~3분 정도가 지난 뒤부터"라고 답했다는 것이다. 스마트폰 사용으로 인해 인터넷과 SNS(사회관계망서비스)의 정보나 화제를 '놓치는 두려움'(FOMO; fear of missing out)을 느끼는 사람이 늘어나는 중인데, 스마트폰을 확인하고 싶은 충동은 포모(FOMO) 때문이라는 것이 연구를 통해 밝혀지고 있다. 스마트폰을 사용할수록 사람들은 더 큰 불안과 스트레스에 노출되고 있다는 것이다. http://news.naver.com/main/hotissue/read.nhn?mid=hot&sid1=103&cid=3118&iid=1363190&oid=081&aid=0002739649&ptype=021

33　대니엘 벨(Daniel Bell)의 조어(造語).

만, 삶의 질 차원에서는 그보다 9계단 낮은 29위로 최하위권이
다.[34] 물질적 삶의 조건에 비해 정신적 삶의 질이 우위를 보이
는 복지 선진국과 반대 양상이다. 임금은 1996년 3만 880달러
에서 2014년 3만 6653달러로 올랐지만, 20년 전에 비해 근로
시간, 평균 근속기간, 성별 임금격차 등이 OECD 국가들 중 여
전히 최하위다. 대기오염 지표는 세계보건기구 지침의 3배 수
준으로 38개국 가운데 꼴찌를 기록했다. 건강 지표 또한 꼴찌
고, 공동체 결속도 매우 약하다. 부모와 아이가 함께 보내는 시
간도 하루 평균 48분으로 가장 적다(그런데 교육기간, 학습열 등
교육 분야는 6위로 상위권이다. 학생들의 수학과 과학 학습역량, 컴
퓨터 기반 문제해결능력은 1위다. 15세 이상의 읽기능력도 2위다).
자살률, 교통사고 사망률, 노인빈곤율도 1위다. 이렇게 우리의
삶은 유독 나쁘다. 인구 지표는 섬뜩하다.[35] 우리나라는 '인구
절벽' 상태에 놓인 지 오래다. 출산율이 OECD 평균을 넘어 세

34　한국보건사회연구원이 2015년 9월에 펴낸 'OECD BLI(Better Life Index) 지표를
통해 본 한국의 삶의 질' 보고서에 따른 것인데 OECD가 2016년 6월에 발표한 '더 나은
삶의 질 지수(BLI)'에 따르면 한국인의 삶의 질은 세계 38개국 가운데 28위다.
35　맥쿼리증권은 최근 발표한 '아시아의 20년' 보고서에서 "한국이 직면한 가장 큰
도전은 기대 수명이 빠르게 증가하는 가운데 출산율이 급격히 낮아지고 있다는 것"이라
며 "40대 이하 젊은 층 인구가 1995년 69.4%에서 지난해 48.1%로 급감했고 2050년에
32%로 감소할 것으로 예상된다."고 분석했다. http://www.dt.co.kr/contents.html?article_
no=2016030202101657803001

계 최저 수준으로 떨어졌는데, 그 추세는 놀랍다. 영국 옥스퍼드 대학 인구문제연구소는 대한민국을 지구상에서 제일 먼저 사라질 나라로 꼽았다.[36] 행복하기 힘든 세상이니, 자식 낳을 마음이 생길 리 없다. 홀로 살기도 힘드니, 자식과 더불어 사는 것은 꿈도 꾸지 않는다. 지금 한국인의 삶은 결단코 건강하지 않다. 한국인의 영혼이 일제강점기와 한국전쟁을 거치며 '가족 생존주의'로 잠식된 마당에, 혹은 바로 그것 때문에, 군사독재와 전체주의로 무장한 국가가 인간다운 삶은 뒷전에 물린 채 오직 경제성장만 다그친 채 정신없이 달려온 탓이다. 깬 사람들은 오직 민주화에 온 힘을 다 써버렸다.

세계-내-인간은, 고승이나 성직자나 구루가 아닌 이상, 세계의 흐름에 휘둘릴 수밖에 없다. 개인의 정신의 크기에 따라 정도의 차이만 있을 뿐, 우리 모두 휘둘린다. 우리의 삶을 지켜야 할 국가는 도리어 우리를 닦달한다. 포디즘 시대에는 생산력을, 포디즘 이후 시대에는 소비력을, 금융자본주의 시대에는

---

36 2004년부터 여러 출산장려제도를 통합해 유아환영수당(PAJE) 제도를 운영하고 있는 프랑스는, 임신에서 육아에 이르기까지 무려 서른 가지 수당을 준다. 그 덕에 프랑스의 출산율은 1993년 1.65명까지 떨어졌으나 2012년 2.01명으로 반등했다. 출산율 반등에 성공한 국가들은, 자녀양육비 경감, 육아지원 시스템과 인프라 구축, 일과 가정의 양립 구현 등 3가지의 저출산 정책을 사용한다는 공통점을 지닌다.

빚을 늘리라고 권하고 재촉한다. 근면하고 성실한 인간이 좋은 사회를 만든다고 훈육했다가, 훌륭한 소비자가 경제를 활성화시킨다고 교육했다가, 이제는 빚지면서 공부하고 빚내어 집 사라고 유도한다. 두 명 이상 낳지 말라고 억압했다가 출산을 늘리라고 보챈다. 너는 너의 삶의 온전한 주인이 되라는 말은 결코 하지 않은 채, 경제를 활성화시키지 않고서는 우리가 행복한 삶은커녕 생존할 수 없다며 겁박한다. 그리하여 서민들의 삶은 철저히 나빠지는데, 그것은 우리의 삶이 통째로 국가가 기획하는 시스템에 붙잡혀 있기 때문이다. 자유시장경제체제가 이식된 후, 우리는 오직 그것의 도구로서 존재한다. 상품으로 존재한다. 문제는 상품이 되고서도 언제든 처분되고 폐기될 수 있는 불안정한 임시상품으로 머문다는 것, 그뿐 아니라 심지어 상품이 되지 못해 인간적 삶을 근본적으로 박탈당하는 잉여존재로 전락하는 사람들이 늘어난다는 것이다. 더 큰 문제는 그것의 가속화다. 거의 모든 사람들은 삶이 박탈되어가는 악화일로에 있다.

작금의 자본주의를 이전과 구분해 '초자본주의hyper-capitalism' 라 부른다. 초자본주의는 이전과 두 가지가 다르다. 하나는 속도로서, 자본의 순환과정과 자본의 '자기가치화'가 이전보다 가속화되었다는 것, 다른 하나는 상품의 일시성으로서, 빛 속도에 근접하는 통신기술의 하부기술과 연관된다. 일시성이 무한정 짧아진다는 말이니, 실상 가속화 하나로 봐도 좋다. 독일 사회학 이론가 로자Hartmut Rosa는 현대세계의 세 가지 현상(기술적 가속화, 사회적 변화와 변형, 그리고 일상적 삶의 속도의 고조)을 식별해, 그것을 "사회적 가속화"로 명명한다. '가속화 사회'의 다른 말이다. 마르크스는 『공산주의 선언』에서 가속화가 자본주의의 필연임을 다음처럼 밝힌다.

"생산의 항상적 변혁, 모든 사회 조건들의 중단 없는 교란, 영구적인 불확실성과 동요는 부르주아 시대를 그 이전의 모든 시대와 구분시킨다. 모든 확정된, 굳게 응결된 모든 관계는 오래된 일련의 존중되어온 관념이나 견해와 더불어 일소되고, 새롭게 생겨난 것은 굳기 전에 모두 낡게 된다. 견고한 모든 것이 대기 속에 녹아 사라진다."[37]

자본은 '과정 중의 가치'다. 순환운동에 속하지 않는 것은 자

37　Karl Marx, "The Communist Manifesto," *Karl Marx: Selected Writings*, edit. by David McLellan, Oxford University Press, 2000, 248쪽.

본이 아니다. 그리고 생산은 교환(가치)에 의존하는 까닭에 순환(소통과 이동) 비용이 치명적이다. 시간에 의한 공간 정복이 무엇보다 중요하다. 생산속도를 더 늘릴수록, 그리고 자본을 더 빨리 더 효율적으로 순환시킬수록, 자본가치의 실현은 더 총체적이다. 가속화는 자본주의의 핵심이다. 그리하여 생산과 순환의 가속화 요구는, 더 짧은 시간으로 더 많은 작업을 수행하도록 일상적 삶의 속도를 높이도록 부추긴다. 자본은 또한 주어진 한계를 끊임없이 넘고자 하는 무제한적 충동이다. 그렇지 않을 경우 더 이상 자본이 아니다. 자본주의가 사회를 가속화하는 것은 기술적 진보에 의해서인데, 그로써 미래를 불확실하고 예측 불가능하고 통제 불가능하게 만든다. 그리하여 온당한 작동과 확장을 보장하기 위해, 상품이든 돈이든 자본이든 지식이든 사람이든, 그 흐름들을 가속화해야 할 필요가, 그리고 그 흐름들이 자본주의 생산주기를 이탈할지 모를 두려움 간의 긴장이 자본주의에 내재한다.

"자본주의 생산은 끊임없이 그러한 내재적 장벽들을 극복하고자 애쓰지만, 오직 더 강력한 규모의 장벽들을 새롭게 만드는 방편으로써만 장벽들을 극복한다. 자본주의 생산의 진정한 장벽은 자본 그 자체다."[38]

가속화된 흐름이 자본주의 한계 조건들을 위협하기 시작하면, 자본주의에 내재적인 기제(들뢰즈·가타리 용어로 '공리들')는 그것을 유도하고 방향을 바꾸고 속도를 낮추거나 심지어 중지시킨다. 자본주의는 흐름들의 탈영토화를 생산하고서, 그 에너지를 자본의 몸에 구속된 상태로 유지시킨다.[39] 슙페터Joseph Schumpeter는 자본주의와 속도 간의 그러한 긴장, 그러한 불안한 동반관계를 "제한적 실행restrictive practice"이라는 용어로 설명한다. 슙페터에 따르면, 자본주의에는 두 가지 다른 층위의 경제적 실행이 작동되는데,[40] 하나는 직관적이고 창조적인 활동에서 기인하는 자발적이고 체계적인 변화, 다른 하나는 일정하고 합리적이며 예측 활동에서 기인하는 순환과정으로서, 전자를 '기업가 층위', 후자를 '관리자 층위'라 부른다. 어떤 혁신을 보존할지의 여부는 전적으로 수익성에 따른다. 자본주의 내의 혁신은 기술적 최적화 그 자체의 목적이 아니라 수익성 논리에 따른다는 것이다. 들뢰즈와 가타리도 슙페터와 비슷한 견해를 제시한다. 그들에 따르면, 자본주의의 공리가 상대적으로 탈영

38   Karl Marx, *Capital*, Vol. 3, trans. by D. Fernbach, Penguin Books, 1981, 358쪽.

39   Gilles Deleuze and Félix Guattari, *Anti-Oedipus*, trans. by R. Hurley, M. Seem and H. R. Lane, University of Minnesota Press, 1983, 246쪽.

40   Josept Alois Schumpeter, *Capitalism, Socialism and Democracy*, Harper Perennial, 1950.

토화하는 것은 오직 상대적인 재영토화를 위해서다. 다시금 속도를 낮추기 위해서만 가속한다는 것이다. 예컨대 특허가 그러한데 기술혁신을 통한 특허는 언제든 환영이나 수익성 원칙에 따라 특허를 묶어버림으로써 혁신을 억제한다. 가속적인 탈영토화와 보존적인 재영토화의 힘의 이중성은 자본주의의 구성인자로서, 근본적으로 해소 불가능하다.

6

가속주의[41]

로자Hartmut Rosa는, 오늘날 우리는 전체주의 형식의 사회적 가속화 요구에 직면해 있다고 천명한다.[42] 우리 사회는 더 혁신하고, 더 일하고, 더 즐기고, 더 생산하고, 더 소비하도록 우리를 닦달한다.

---

41 '가속주의(accelerationism)'라는 용어는 젤라즈니(Roger Zelazny)의 과학소설 『신들의 사회*Lord of Light*』(1967)에서 유래한다.

42 Hartmut Rosa, *Alienation and Acceleration: Towards a Critical Theory of Late-Modern Temporality*, NSU Press, 2001, 9쪽.

우리는 속도에 시달린다. 속도가 문제인데, 가속주의[43]에 따르면 마치 이열치열以熱治熱처럼 자본주의 생산의 한계를 넘도록 가속하는 것이, 그래서 탈주선(탈영토화)이 절대적 종말에 이르도록 하는 것이 유일한 출구다. 그럴 뿐 아니라 자본주의 하에서의 노동을 향락jouissance[44]의 장소로 받아들이는 것이다. 자본주의를 '통해 그리고 넘어' 가속하는 전략은 1970년대 적어도 세 권의 책에서 이론화되었다. 첫 번째 책은 들뢰즈와 가타리의 『안티 오이디푸스: 자본주의와 분열증Anti-Oedipus: Capitalism and Schizophrenia』(1972)이다. 이 책은 욕망의 힘을 오이디푸스 삼각구조라는 가족서사에 한정시키는 정신분석에 대한 통렬한 비판으로서, 정신분열증schizophrenia을 자본주의의 한계를 돌파하는 데 실패한 시도로 해석한다. 자본주의는 코드에 묶인 여타 사회적 형식들을 탈코드(탈영역)화하는 힘들을 방기하는 데 독보적이지만, 탈코드화한 것을 재코드해서 욕망을 다시 재영토화하는 까닭에, 방기는 항상 잠정적인 것으로 머문다. 그리하여 들뢰즈와 가타리는 이렇게 묻는다.

43 이탈리아 미래파를 필두로 러시아혁명을 따르는 공산주의적 가속주의, 1990년대와 2000년대의 사이버펑크 퓨처리즘(Phuturism), 2008년 이후의 종말론적 가속주의 등 기계와 통합되고자 하는 환상은, 자본주의 노동을 가속을 통한 극단적 향락(jouissance)의 장소로 취한다.

44 너무 강렬해서 고통과 구분할 수 없는 향락을 지칭하기 위해 쓰이는 프랑스어.

"그런데 어느 길이 혁명적인가? 혁명적인 길은 있는가? 아민Samir Amin이 제삼의 국가들에게 조언한 바처럼, 파시스트적인 경제해결이라는 희한한 부활 속에 세계시장으로부터 퇴각하는 것인가? 혹은 그 반대 방향으로 간다는 것인가? 그러니까 탈코드와 탈영토화의 시장의 운동 쪽으로 여전히 더 가는 것인가? 고도로 정신분열증적인 성격의 이론과 실천의 관점에서 보자면, 아마도 흐름들은 아직도 충분히 탈영토화되지 않았고, 충분히 탈코드화되지 않은 것 같으니까 말이다. 니체가 말한 바처럼, 그 과정으로부터 퇴각하는 것이 아니라 더 나아가는 것, '그 과정을 가속화하는 것': 이 문제에서 진실이란, 우리는 아직 어떤 것도 보지 못했다는 것이다."[45]

가속의 목표는 물론 자본주의를 강화하는 것이 아니라 용해시키는 것이다. 마르크스와 엥겔스는 『공산당 선언』(1848)에서 자본을, 통제할 수 없는 힘을 방기하는 '마법사의 도제'라는 은유로 표현한 바 있는데, 들뢰즈와 가타리는 바로 그 선상에서, 자본주의의 생산력을 따라가고 또 능가할 수 있는 욕망으로 마르크스를 밀어붙인다.

---

45   Gilles Deleuze and Félix Guattari, 1983, 같은 책, 239-240쪽.

리오타르Jean-François Lyotard는 자신의 책『리비도 경제*Libidinal Economy*』(1974)에서 들뢰즈와 가타리가 충분히 더 나아가지 못했다고 주장하며 그들의 이론에 화답한다. 리오타르에 따르면, 욕망을 찬양하는 그들은, 욕망이 자본주의가 기생하는 일종의 외부적 힘을 형성하는 것으로, 그리하여 우리가 욕망을 하나의 대안으로 삼을 수 있는 것으로 생각하지만, 리비도 경제에는 자본주의 자체의 리비도 경제 단 하나밖에 없다. 우리에게는 자본주의 욕망 이외에는 어떤 다른 욕망도 없다. 리오타르는 다음과 같이 쓰고 있다.

"영국 실업자는 살아남기 위해 근로자가 될 필요가 없었는데 (⋯) 그들은 히스테리적인 것, 마조히즘적인 것을 즐겼고, 탄광에서, 주조공장에서, 공장에서 얼마나 지치든 계속 일하는 것을 즐겼고, 정말 자신들에게 강제된 그들의 유기적인 몸이 완전히 망가지는 것을 즐겼고, 소작농 전통이 그들에게 구축한 그들의 정체성이 분해되는 것을 즐겼고, 그들의 가족과 마을이 해체되는 것을 즐겼고, 교외의 새로운 괴물 같은 익명성과 술집을 아침과 저녁에 즐겼다."[46]

46　Jean-François Lyotard, *Libidinal Economy*, trans. by I. H. Grant, Athlone, 1993, 214

우리의 본능에는 자본주의의 (생산/소비) 욕망 단 하나밖에 없으니, 그저 그 내부에 깊게 침잠한 채 망각하는 길밖에 없다는 것이다. 프로이트에 따르면 무의식(욕망)은 부정negation, 의심, 확실성 등을 모른다. 오직 다양한 강도의 중첩된 충동들뿐이다. 그리고 어떤 검열이나 억압에도 의식으로 나갈 방도(압축과 전치)를 찾는다. 욕망은 근본적으로 모든 비판들을 종식시킨다. 리오타르는 소외와 억압의 문제를 외면한 채 오직 피학적 쾌락에 기댄다. 결과적으로 그는 자신의 좌파 친구들 대부분을 잃었는데, 나중에 자신의 『리비도 경제』를 '악마의 책'이라고 언급하기도 했다.

보드리야르Jean Baudrillard는 자신의 책 『상징교환과 죽음 Symbolic Exchange and Death』(1976)에서, "오직 죽음만"이 모든 것을 먹어치우는 자본주의의 코드화를 전복할 수 있다며, 들뢰즈와 가타리, 그리고 리오타르가 여전히 향수적이라고 비판한다.[47] 보드리야르가 언급하는 죽음은, 자본주의 이전의 선물교환 경제에 입각한 '상징적 교환'에 의한 가치의 종식이다. 그런

쪽.

47 Jean Baudrillard, *Symbolic Exchange and Death*, trans. by I. H. Grant, intro. by M. Gane, Sage, 1993, 4쪽.

데 리오타르는『리비도 경제』에서 이미, 보드리야르가 주장하는 상징적 교환에는 자본주의의 교환에 필적하는 리비도 강도가 있다고 말한 바 있다. 거기서 그는, 원시시대로 회귀하는 보드리야르의 인류학적 태도를 조롱했다. 그의 주장에 따르면, 자본주의 사회에는, 상징적 교환을 실행하는 어떠한 '멋진 히피'도 없으며 오직 "자본의 욕망"밖에 없다.[48] 그러니까 심지어 죽음마저 자본주의의 출구가 아니라는 것이다. 자본주의는 상징적 교환마저 흡수하고 거기에 기생한다.

들뢰즈와 가타리, 리오타르, 보드리야르 등 가속주의 이론가들은 감정, 생각, 주체, 비판 등을 도외시한 채 내재성의 철학을 경쟁적으로 급진적으로 구성하는 데 몰두한다. 그리하는 가운데, 자신의 상대들이 급진적 전략과 자본의 전략을 구분할 수 없는 지점까지 자본(주의)에 충분히 침잠하지 않는다고 비판한다. 끔찍한 노동을 반복적인 리비도 가속의 장소로 취해, 기계와 한 몸이 되어 향락으로 바꾸기를 요청한다. 문제는, 그 지점까지 모든 것을 포기한 채 오직 맹목적 수동성 속에 견뎌내는 것이 과연 가능한지, 그리고 설사 가능하다손치더라도

48　　Jean-François Lyotard, 같은 책, 110쪽.

그렇게 하는 것이 과연 우리의 삶을 더 낫게 만들 수 있는지 묻지 않는다는 것이다. 벤야민Walter Benjamin은 사후死後 수십 년이 지나고서야 출판된 자신의 저서 『종교로서의 자본주의』(1921)에서 다음처럼 말했다. "이 자본주의라는 종교운동의 본질은 종말까지 견디기, 궁극적으로 신이 완전히 죄를 짓게 되는 순간까지, 세계 전체가 절망의 상태에 도달할 때까지 견디기이다."[49] 벤야민이 보기에 자본주의는, 인류를 '절망의 집'으로 인도하는, 참회기도마저 할 시간이 없는 종교다. 사태가 진정 이러하다면, 앞의 철학자들은 모두, 자신의 의도와 무관하게, 자본주의를 섬기는 교인인 셈이다.

---

49 발터 벤야민, 「종교로서의 자본주의」, 『발터 벤야민 선집 5』, 최성만 옮김, 도서출판 길, 2008, 123쪽.

7

느리게 살기

'슬로라이프'나 '슬로시티'[50] 등 느리게 살기는 가속주의에 맞서는 삶의 정신이며 태도다. 2000년 이후 프랑스 사회학자 쌍소Pierre Sansot의 『느리게 산다는 것의 의미』 한국판 시리즈는,

---

50   느리게 살기 운동 중의 하나인 '슬로시티'는, 급속한 도시화와 산업화로 경쟁과 속도가 장악한 우리의 삶에 여유를 찾고 아날로그와 디지털 간의 조화로운 삶의 리듬을 지키자는 움직임으로서, 이탈리아의 작은 마을인 그레베 인 키안티(Greve in Chianti)에서 시작되었다. '슬로시티' 운동은 1999년 국제 슬로시티 운동이 출범된 이래 2012년 6월 현재 25개국 150개 도시로 확대되었는데, 한국도 신안군 증도, 완도군 청산, 담양군 창평, 하동군 악양 등 10개 도시가 가입해 있다. 슬로푸드 먹기와 느리게 움직이기 등 느림, 작음, 지속성을 추구한다.

전례 없던 IMF(국제통화기금) 사태로 대한민국 전체가 엄청난 충격을 받은 후이어서 그런지, 한국인들의 마음을 단박에 끌어 베스트셀러가 되었다.

물론 그렇다고 해서, 그로써 한국 사회의 속도가 단 일초도 늦추어진 것은 아니다. 그리고 그로써 많은 사람들이 느리게 살게 되었다고 말할 수도 없다. 한국인들은 유행에 지나치게 민감한 탓에, 어떤 것에 마음을 온통 주거나 빼앗기었다가도, 이내 또 다른 것에 마음을 주는 습성을 지녔기 때문이다. 또 다시 물론 그렇다고 해서, '느리게 살기'를 부정적인 것으로 처분할 수는 없다. 쌍소의 생각과 제안은 '개인적인 차원에서는' 전적으로 옳기 때문이다. 쌍소에 따르면 우리는 늘 억제할 길 없는 공복감으로 식탐에 차 있다.

"우리들 중의 많은 사람들은 나이가 들고부터 발걸음을 더 바삐 움직인다. 그들은 보아야 할 것들이 너무 많고, 맛보아야 할 요리가 너무 많으며, 방문할 곳도 너무 많고, 함께 걷고 싶은 사람들이 너무 많이 있다고 생각한다. 억제할 길 없는 이와 같은 공복감을 어떻게 설명할 수 있을까? 그들은 한창 활동적인 나이에 디저트도, 메인 요리도 없는 삶을 살았다.

며칠 안 되는 옹색한 휴가들은 오로지 다시 일터로 나가 몸을 불사르기 전에 잠깐 회복할 시간만 허락해주었을 뿐이다. 그리하여 그들은 노년에 이르러 자신이 정말로 원하는 것을 하고 싶어 한다."[51]

충분한 삶을 살지 못한 채 어느덧 노년에 이른 사람들만 바삐 움직일까? 프랑스에 비해 복지가 턱없이 약한 한국은, 나이와 상관없이 거의 모든 사람들이 바쁘다. 우리의 삶의 질이 경제수준에 비해 특히 나쁜 것은 결코 그것과 무관하지 않다. 우리나라 부모(3명 중 1명 이상)가 자식의 직업으로 가장 선호하는 직업이 공무원이라는 사실, 그리고 취업을 준비하는 사람 10명 중 4명이 공무원 시험을 준비한다는 사실[52]은, 그것이 무관하지 않다기보다 주로 거기서 기인한다는 사실을 가리킨다(안정된 생활과 '칼퇴근'이 가장 중요한 이유다). 그러니 '공무원이

51   피에르 쌍소, 『느리게 산다는 것의 의미 1』, 김주경 옮김, 동문선, 2003, 135쪽.
52   인구보건협회가 지난 2월 전국 기혼 남녀 1335명을 대상으로 모바일을 통해 '저출산 인식 설문조사'를 벌인 결과 20~50대 기혼 남녀 중 37.2%는 자녀가 미래에 가졌으면 하는 희망 직업으로 '공무원'을 꼽았다. 조선일보, 2016. 3. 3. 공무원이 꿈인 나라… 우리나라 취업준비생 10명 중 4명은 공무원 시험을 준비하는 '공시족'인 것으로 집계됐다. 21일 통계청이 발표한 '청년층 및 고령층 부가조사 결과'에 따르면 청년(15~29세) 취업시험 준비자 65만 2천 명 중 일반직공무원 준비자는 39.3%로 가장 많았다. 이는 지난해 34.9%에서 4.4%포인트 상승한 것이다. 서울경제, 2016. 7. 21.

꿈이 된' 한국인의 삶의 질을 올리는 데에는 느리게 살기만큼 중요한 것이 없는 셈이다.

쌍소가 말했듯, 느리게 살기는 그 자체로서 가치를 갖는 것이 아니다. 느리게 살기 위해서는 무언가를 많이 덜어낼 수밖에 없는데(속도를 줄이면 할 수 있는 활동의 양이 현격하게 줄어든다), 바로 그러한 덜어냄을 통해 덜어낼 수 없는 것을 분명히 인식하고, 그것에 집중함으로써 가치를 갖는다. 느림은 우리로 하여금 불필요한 계획에 이리저리 정신을 빼앗기지 않게 함으로써 가치 있게 살 수 있도록 해준다는 것이다. 우리는 어떤 불필요한 것들에 정신을 빼앗기고 있는가?

우리의 관심(욕심)은 대충 이러하다. 옷이며 신발이며 화장이며 향수며 헬스며 온갖 안티에이징 기술로 우리 자신을 남들에게 좀 더 잘 보이게 하는 것, 학원이며 학점이며 자격증이며 연수 등 더 나은 학력과 이력과 스펙으로 우리 자신(과 우리 자식들)을 더 경쟁력 있는 상품으로 만드는 것, (더 좋은) 차와 (더 좋은) 집과 (더 좋은) 명품들을 (더 많이) 갖기 위해 더 좋은 직장에서 더 많은 돈을 버는 것, 그리고 가능하다면, 더 좋은 명예와 권력으로 더 많은 쾌락을 누리는 것, 간추려 말해, 우리의 관심은 더 잘 보여 더 나은 경쟁력을 확보하는 일[53]과 더 많이 가져 더 많은 쾌락을 누리는 일이라는 두 개의 축으로 구성되어 있다. 전자는 후자의 방편인 셈이니 '소유의 삶'이라 할 수 있겠다.

소유의 가치는 전적으로 양量에 달렸다. 소유는 많을수록 좋다. 그리고 적을수록 나쁘다. 갖지 못한 것은 갖고 싶고, 가진 것은 더 많이 갖고 싶다. 그럴 뿐 아니라 가진 것은 잃을까 염려스럽고, 그와 동시에 충분하지 못해 불만이다. 따라서 느리게 살기는 '적은 것으로 살아가는 지혜'와 불가분의 관계를 맺는다. 법정 스님의 '무소유'가 적지 않은 사람들의 심금을 울렸듯, 많은 사람들은 쌍소의 느리게 살기에 쉽게 공감한다. '느리게 산다는 것의 의미'로서 쌍소가 제안하는 것은 모두 소유의 삶과 무관하다. 그는 다음의 아홉 가지를 제안한다. 1) 특정한

53　영국 시장조사기관 유로모니터가 2014년 발표한 '세계 화장품시장 분석' 보고서에 따르면, 한국 남자 한 사람당 월간 화장품 구매 비용이 세계 1위로서 2위인 덴마크의 4배에 육박한다. 화장품 사용량도 많다. 2015년 5월 식품의약품안전처의 '국내 화장품 소비자 사용실태' 보고서에 따르면, 한국인 남성은 월평균 13.3개 화장품을 사용한다. 트렌드연구소 인터패션플래닝이 드러그스토어를 이용하는 남성들에게 화장품을 사용하는 이유를 조사한 결과, 이들 남성의 39%는 '자신감을 얻기 위해', 32%는 '경쟁에서 우위를 점하기 위해'라고 응답했다. 70% 이상의 남성이 경쟁사회에서 외모로 우위를 점하려고 화장한다. 주간동아, 2016. 7. 20.

목표의식 없이 한가로이 거닐기, 2) 말하기보다는 남의 말을 듣기, 3) 권태 속에서 느긋함을 느끼기, 4) 즐거운 몽상에 빠지기, 5) 어떤 가능성도 배제하지 않은 채 열린 마음으로 머물기, 6) 아름다운 추억을 간직하거나, 추억이 새겨진 나만의 장소를 만들기, 7) 글쓰기, 8) 가벼운 술 한 잔의 여유를 즐기기, 그리고 마지막으로 9) 아끼기. 이것들은 모두 돈이 전혀 들지 않을 뿐 아니라, 거의 모두 오롯이 홀로 수행할 수 있다. 그리하여 적어도 한두 개는 마음만 먹으면 당장 실행 가능하다. 다 사소한 (그러면서도, 혹은 그러한 까닭에 귀히 여기지 않아 도외시하는 까닭에 도리어 소중한) 일상사다.[54]

그런데 자기계발서가 내어놓는 행동지침들이 거의 모두 그렇듯, 누구든 공감할 수밖에 없고 언뜻 보기에 당장 실행 가능한 소위 '삶의 지혜'들은 대개 현실적으로 지속성이 없다. 물론 새해결심처럼, 개인의 실천의지가 약하다거나, 설령 그것이 강하더라도 실천력이 뒷받침되지 못한 탓이라고, 누구든 쉽게 비판할 수 있다. 그럼에도 불구하고 다음의 문제는 반드시 유념

---

54 그렇다고 해서, 예컨대 작품을 만들고 발표하는 일, 정치하는 일, 사업하거나 돈을 버는 일, 공부, 시험 준비, 각종 시민활동 등 일상적으로 사소하지 않은 것들은 중요하지 않다거나 느리게 사는 데 불필요하다고 단정하면 곤란하다.

해야 옳다. 어떤 대단한 지혜라도 그것이 일상의 삶에 편입되어 제대로 실천되지 못한다면 아무 쓸모가 없다. 쓸모없을 뿐 아니라 도리어 해가 된다. 자신에게 모든 책임을 돌림으로써, 자신감과 자존감을 낮추기 때문이다.

이 지점에서 우리는 다시 개인이 아니라 개인이 처한 삶의 환경으로 눈을 돌리지 않을 수 없다. 오랜 숙고에 따른 가출(의 결행)로 사회적 관계망을 끊어내지 않는 한, 고승처럼 세상으로부터 멀리 떨어져 홀로 여여如如한 삶을 살지 않는 한, 개인은 자신의 삶의 근거인 사회와 무관하게 살 수 없기 때문이다. 그러니까 느리게 살기의 '실행 가능성'을 오직 개인의 책임에만 두어서는 안 된다는 것이다. 개인이 구속되어 있는 삶의 방편과 환경을 근본적으로 개조하지 않은 채, 삶의 질의 책임을 전적으로 개인에게 돌리는 것은 온당치 않다. 개인은 사회적 존재인 까닭에 홀로 자신의 삶을 (재)구축하는 데 무력하다. '나의 욕망은 타자의 욕망'이라고 말한, 풀어 말하자면, 나는 부모와 선생처럼 내가 사랑받고 싶어 하는 사람(들)이 욕망하는 것을 욕망하는 존재라고 말한 라캉Jacques Lacan의 말처럼, 개인은 심지어 자신이 무엇을 욕망하는지조차 (잘) 모른다. 사회화를 거친 후에서라야 사회적 존재로 출현하는 인간의 문제는, 뒤르

켐Emile Durkheim이 자살의 원인을 규명했듯, 무엇보다도 우선 사회적으로 접근하는 것이 옳다.

지구상에 존재하는 국가들 중 쿠바야말로 사람들이 가장 느리게 사는 곳이다. 이유는 간단하다. 쿠바는 오랫동안 자본주의로부터 등진 채 사회주의를 삶의 형식으로 삼은 몇 안 되는 나라이기 때문이다. 느리게 살기(의 기쁨)가 개인이 아니라 사회주의와 맞물려 있다는 것이다. 상품의 상대적 결핍은, 언뜻 보기에 기쁨의 저해요소인 듯하지만, 물질과 상품으로부터 크게 휘둘리지 않고, 일상의 삶에 만연한, 가장 내밀한 공간까지 침투한 지나친 광고로부터 비교적 자유롭고, 거짓 욕망의 부추김이나 환영적인 '선택', 더 나아가 '즐기라'는 초자아적 명령(즐기지 않는 삶은 잘못 살고 있는 삶이라는 억압)으로부터 느슨하게 만든다. 생존의 문제를 오롯이 개인이 책임지지 않는 사회제도 또한, 생존의 걱정이 초래하는 불안을 크게 누그러뜨린다. 문제는, 쿠바 또한 자본주의를 받아들이는 사태를 결코 피할 수 없다는 것이며, 그것이 임박하다는 것이며, 그로 인해 느리게 살기 또한 필연적으로 위태로움에 처할 수밖에 없다는 것이다.

문제의 핵심은 이것이다. 쿠바의 경우, 쿠바의 사회적 변화가 야기하는 개인의 삶의 변화가 개인을 더 기쁘게 한다면 사회적 변화가 가속화되겠지만, 개인의 삶의 질을 떨어뜨린다면 사회적 변화가 저항을 맞을 것이다. 그러할 때, 국가가 어떤 이유에서든, 흔히 제삼국의 권력이 흔히 그리하듯, 개인들을 한편으로는 폭력적으로 억압한 채 그리고 다른 한편으로는 이데올로기적 훈육을 통해 사회적 변화를 몰아간다면, 그것은 분명히 큰 비극일 것이다. 세계의 역사는 그러한 일이 다반사였다는 사실을 확실히 보여준다.

소돔과 고모라의 성이 의인 열 명이 없어서 멸망했다는 성경의 말씀은, 우리를 향한 가장 단순하면서도 가장 큰 가르침이다. 이 준열한 가르침에 따르면, 우리 사회가 이토록 나빠진 것은 한마디로 우리에게 극소수일지언정 의인이 없었다는 것이다. 문득 돌아보니 함석헌 선생, 김수환 추기경, 문익환 목사 등처럼 결사적으로 군사 독재정권에 항거했던 빛나는 지식인들이 어느새 다 사라지고 없다. 지금 우리에게는 큰 선생이 없다. 선생노릇 제대로 하는 이는, 애써 찾아도 찾아보기 어렵다. 그리하여 오랫동안 산업화와 민주화에 모든 에너지를 쏟은 결과, 물질에 비해 정신을 턱없이 소홀히 했다는 반성의 목소리가 여기저기 들린다. 오직 인문학이 인간적인 삶을 가능케 한다는, 인문학을 함양해야 한다는 요청의 목소리가, 심지어 대통령에서부터 작은 공동체 구성원들의 입에서 나오고 또 나온다. 대중매체뿐 아니라 국가마저 인문학을 내세운다.

그런데 인문학을 둘러싼 이러한 소란은 인문학자를 겨누지 않는다. 인문학자를 자처하는 선생들이 많으니, 그리고 그들 또한 인문학의 가치와 부흥을 부르짖으니 그러하다. 그런데 인문학을 우리의 구체적인 삶과 치열하게 대질시킨 채 오랜 숙고를 거쳐, 그야말로 현실의 삶 속에 생생하게 살아 움직이는 지혜를 길어 올린, 그리할 뿐 아니라 온몸과 전인격적으로 실천하는 이가 어디 있는가? 우리 사회의 인문학자들이 우리에게 전하는 인문학이 도대체 무슨 생명력이 있는가? 듣거나 읽을 때는 그럴 듯하다가, 막상 실천할 방도가 막막한 (인문학) 지식들이 허다하지 않은가? 예컨대, 네이버의 〈열린연단〉을 주도하는 김우창 선생을 보라(대부분의 학자들도 그리 다르지 않다). 여든의 나이에 이른 문학평론가이자 노학자인 그가 〈2016 바른 사회와 의미 있는 삶을 위한 성찰〉이라는 제목의 윤리강연 시리즈의 첫 강사로 나서 전한 강의("윤리와 인간의 삶: 감정, 이성, 초월적 이성")는, 여러 철학자들을 불러들여 이런저런 말로

장황하게 논구하지만, 다음의 단 하나의 현실적 질문 앞에 무력하다.

어떤 이데올로기(혹은 종교)를 신봉하는 사람이 다른 이데올로기와 싸우기 위해 성전聖戰을 치루는 한 방식으로, 우리가 모르는 어디에 시한 (핵)폭탄을 설치한 후 잡혔다고 치자. 시간이 째깍째깍 흐르면서 (핵)폭탄이 터질 시간이 임박하고 있는 비상사태다. 그를 윤리가 허락하는 범위를 넘어서까지 고문해서, 폭탄이 터져 무고한 사람들이 죽는 것을 막아야 할 것인가? 그렇지 않으면, 어떤 사태에서라도 인간을 비인간적으로 대하는 행동을 해서는 안 되는가?

프랑스가 그렇고 미국이 그러한데, 세계는 목하 테러의 문제가 심각한 일상사가 되어, 인권을 침해하는 여러 행동들이 합법화되는 상황에 놓여 있다. 딱히 남의 일로만 볼 수 없는 상황이다(우리도 테러방지법 입안을 코앞에 두고 있다). 그러니 이 질문에 대답할 수 없는 인문학은, 말 그대로, 아무짝에도 쓸모없다. 고향과 도시, 그리고 주거의 문제에 대한 그의 글도 우리의 구체적인 주거의 문제를 간과하는데, 이렇게 현실의 문제를 통째로 간과하는 인문학은 그저 개인의 취미로 간주해야 옳다.

땅과 만날 수 없는 하늘, 세속사에 개입할 수 없는 성스러운 말씀, 일상의 삶에 파고들 수 없는 고준담론은, 개인의 호사에 그쳐야 옳다. 굳이 세상으로 나와 인문학을 부르짖으며 그나마 혼란스러운 세상을 더 어지럽힐 일이 아니다.

8

비상 브레이크

"당신의 삶을 바꾸고자 하는가? 당장 시작하라. 대담하게 시작하라. 예외는 없다." 미국 철학자이자 심리학자인 제임스 William James의 말이다. 가속화 사회에 시급한 것은 '당장' 비상 브레이크를 밟는 일이다. "신이 완전히 죄를 짓게 되는 순간까지, 세계 전체가 절망의 상태에 도달할 때까지" 견디는 것은, 단순히 방조죄다. 그뿐 아니라 결코 돌이킬 수 없는 삶(생명)의 낭비다.

벤야민은 1920년대 후반 독일의 시인이자 극작가인 브레히

트Bertolt Brecht와 만나 자본주의적 생산을 어떻게 '다시 기능'하
도록 해야 할지 열띤 토론을 벌였다.[55] 그 후 "문명의 기록치고
야만의 기록이 아닌 것이 없다."는 유명한 언명을 담은 글 「역사
의 개념에 대하여On the Concept of History」(1940)에서 이렇게 썼다.

> "마르크스는 혁명이 세계사의 기관차라고 말했다. 그러나
> 어쩌면 사정은 그와는 아주 다를지 모른다. 아마 혁명은 이
> 기차를 타고 여행하는 사람들이 잡아당기는 비상 브레이크
> 일 것이다."[56]

벤야민은 1932년 아이들을 위한 라디오 토크 프로그램에서
1879년 12월에 발생한 "테이 만 기차 참사The Railway Disaster at
the Firth of Tay"에 대해 이야기했다. 참사는 이랬다. 사나운 폭풍
우 속에 기차가 지나갈 때 철교가 무너져 200명이 사망했는데,
나쁜 날씨 탓에 참사의 기미라고는 화염밖에 보이지 않았다.

55　브레히트는 "또는 현대 바우하우스 아파트(Or the Modern Bauhaus Apartment)"
라는 부제목을 붙인 〈북해 새우(North Sea Shrimpts)〉(1926년경)라는 짧은 알레고리 글을
썼고, 벤야민은 〈경험과 가난(Experience and Poverty)〉(1933)이라는 제목으로 바우하우스
의 유리건축에 대해 썼다.
56　발터 벤야민, 「역사의 개념에 대하여」, 『발터 벤야민 선집 5』, 최성만 옮김, 도서
출판 길, 2008, 356쪽.

그것을 본 어부는, 영문을 잘 모른 채 역장驛長에게 연락해 다른 기차를 보내라고 요청해서 또 다른 기차가 출발했다. 그리고 그 기차는 현장 1킬로미터 전에 이르러서야, 그것도 달빛 덕분에, 사태를 알게 되어 비상 브레이크로 코앞에서 가까스로 정지하는 바람에 꼭 같은 참사를 면했다. 여기서 브레이크는 '중단'의 은유로 차후 「역사의 개념에 대하여」에서 '비상 브레이크'로 나타났다. 어떤 참사든 그것을 당했으면, 두 번째 참사가 발생하는 것을 막기 위해 모든 비상조치를 취해야 한다는 것이다. 우리는 지금 다른 형태의 세월호 참사를 막을 조치를 취하고 있는가?

우리 사회에는 목하 기술이라는 이름의 기차가 가차 없이 달리고 있다. 기술의 발전은 임계점을 모른다. 임계점을 넘으면 그 에너지가 파괴적이라는 것도 모른다. 우리는 기술을 '펼쳐지는 바 그대로' 수용하기보다 통제해야 하는데, 기술의 통제는 현실적으로 자본주의를 위해서만 이루어진다. 벤야민은 「초현실주의: 유럽 지식계급의 마지막 스냅숏Surrealism: The Last Snapshot of the European Intelligentsia」(1929)에서, "이해되지 않는 기계의 기적에 대한 과열된 수용"을 비판한다. 그에게 기술과 기계가 장악하는, 자본주의 생산이 점유하는 동질적인 빈 시간은, 속도를 올릴 수도 내릴 수도 있는 '궤도에 놓인 기차'의 시간이다. 비상 브레이크가 필요한 것은, 그 기차가 탈선할 수 있고, 그래서 또 다른 참사를 초래할 수 있기 때문이다. 자본주의 생산의 파괴적인 측면을 인식하지 않으면, 역사의 궤도가 우리를 가속화시켜 재앙에 이르게 할 수 있기 때문인데, '헬조선'에 사는 우리는 어쩌면 '지금 여기' 그 재앙을 살아가고 있는지 모른다. 우리 사회에 넘치는 소위 인문학자들은, 지식인들은, 왜 비상 브레이크를 발동하지 않는지 알 수 없다.

비상 브레이크로써 시간을 '중단'하고자 하는 것은, 단지 속도를 줄이거나 멈추는 데 의의가 있는 것은 아니다. 거기서 더 나아가, 사유를 발동시키는 것 또한 그만큼 중요하다. 모든 것이 급작스럽게 중단될 때, 그때 우리가 사는 세상에는 하나의 빈 공간(시간)이 열린다. 그리하여 우리의 의식 또한 열린다. 그리고 그때까지 생각하지 않던 것을 비로소 생각하게 된다. 하이데거Martin Heidegger가 설명하는 망치가 그렇다. 망치가 아무 탈이 없을 때에는 해야 할 일에 몰두하지만, 망치가 부러지는 사태는 우리를 사태 앞에 현전現前하게 하고 생각하게 만든다. 벤야민에 따르면, 갑자기 정지하는 순간은 주어진 상황에 충격을 가하고, 그 상황은 그로써 하나의 단자單子가 된다. 따라서 진정한 인식은 연속성의 중단에서 일어난다. 그가 말하듯, "사유에는 생각들의 흐름만이 아니라 생각들의 정지도 포함된다."[57]

그리고 (자본주의 생산/소비) 시간의 '중단'은 다른 시간(사건)이 출현할 수 있는 여지를 마련함으로써 시간을 다층적이고 복합적으로 만든다. 삶을 풍성하게 만든다. 앞서 언급한 베르그송으로 되돌아가 말하면, '습관기억'에 따라 무자각하게 움직이던 의식을 목전目前의 사태로부터 벗어나 초연하게 하고, 그리하여 주목함, 기억함, 기대함 등 진실로 시간적인 사태를 맞게 한다. "과거를 이미지의 형태 아래 떠올리기 위해서는 현재적 행동으로부터 초연해질 수 있어야 하고, 무용한 것에 가치를 부여할 줄 알아야 하고, 꿈꾸려고 해야 한다. 아마도 인간만이 이런 종류의 노력을 할 수 있을 것이다."[58]

폭설 혹은 여타 극심한 기후로 도시가 온통 마비되는 바람에, 평소처럼 아침 일찍 허둥지둥 집밖을 나설 필요가 없게 되

---

57 같은 책, 348쪽.
58 황수영, 같은 책, 137쪽.

는 사태를 우리는 얼마나 자주 꿈꾸었던가? 그리고 아주 드물게 실제로 우리의 일상사가 완전히 중단되는 사태에 직면하면서 (비록 처음에는 낭패감에 빠지지만 이내) 우리는 도리어 얼마나 편안했던가? 한발 더 나아가, 우리가 그토록 아끼던 삶의 무엇(들)이 마치 실 끊어진 연처럼 우리에게서 홀연히 빠져나가 영영 돌아올 수 없는 사태에 직면했을 때, 황망한 슬픔과 함께 까닭 모를 영혼의 안식이 밀려들던 경험은 없던가? 우리가 그토록 노심초사하며 불안해하는 것은, 삶의 평강을 누리지 못하는 것은, 우리가 결단코 갖고자 하는 (사랑하는) 무엇에 집착하기 때문이 아닌가?

"출생과 죽음에는, 그 사이를 향유하는 것 이외에는 치료법이 없다." 스페인 태생의 미국 철학자, 시인, 평론가 산타야나 George Santayana의 말이다. 그런데 출생과 죽음 사이를 향유하는 일은 현실적으로 무척 어렵다. 거의 불가능에 가깝다. "춤추라, 아무도 바라보고 있지 않은 것처럼/ 사랑하라, 한번도 상처받지 않은 것처럼/ 노래하라, 아무도 듣고 있지 않은 것처럼/ 일하라, 돈이 필요하지 않은 것처럼/ 살라, 오늘이 마지막 날인 것처럼". 이 시구詩句로 우리에게 잘 알려진, 호주의 저술가이자 철학자인 수자Alfred D. Souza의 다음 말처럼 말이다.

"오랫동안 삶이 막 펼쳐질 듯했다. 진짜 삶이 말이다. 그런데 항상 어떤 장애가 있었다. 우선 해치워야 할 무엇이, 끝내지 못한 업무가, 여전히 봉사해야 할 시간이, 갚아야 할 빚이 있었다. 그러고서야 삶이 시작될 것 같았다. 끝에 가서야 그러한 장애들이 나의 삶이라는 것이 분명해졌다."

영국의 시인이자 극작가인 스콧Walter Scott은 이렇게 말했다. "새로운 삶을 살려고 늘 작정하면서도, 정작 그것을 시작할 시간을 못 찾는다. 이것은 마치, 먹고 마시는 일을 하루하루 미루다가 굶어 죽는 것과 꼭 같다." 미국 자연주의자이자 수필가인 버로스John Burroughs는 이렇게 말했다. "나는, 내가 생각하고 싶은 생각들을 모두 하기에, 내가 걷고 싶은 산보를 모두 걷기에, 내가 읽고 싶은 책들을 모두 읽기에, 내가 보고 싶은 친구들을 모두 보기에, 하루하루가 여전히 너무 짧다."

그런데 우리는 반드시 죽을 존재이며, 그때가 언제인지 모르지만 하루하루 죽을 때에 가까워간다. "우리는 죽을 수밖에 없다는 것을 잊지 마라. 죽음은 우리가 예상하는 것보다 빨리 올 것이다. 신은 우리의 손바닥에 죽음의 글자를 새겨놓았다. 우리의 손바닥에서 'M.M.'이라는 글자를 볼 텐데, 그 뜻은 '메

멘토 모리'다. 우리는 반드시 죽는다는 것을 기억하라." 영국 로마 가톨릭 신부인 퍼니스John Furniss의 충고다. 세상에서 가장 유명한 철학자가, 검토하지 않은 삶은 살 가치가 없다고 갈파했으니, 삶에서 가장 근본적이고 중요한 것은 검토인 셈이다. 우리의 삶을 검토하기 위해서는 우선 우리가 행하고 있는 사태를 모두 중단해야 한다. 우리가 가치 있는 삶을 살고자 한다면, 우리에게 진행되고 있는 삶을 때때로 무작정 '중단'하는 것, 그러고서 우리의 삶을 돌이켜 생각해보는 것 이외에는 방도가 없다. '중단'이라는 정신의 결단밖에 없다. 파스칼Blaise Pascal은 『팡세』에서 이렇게 말했다. "인간의 모든 불행은 홀로 고요한 방 안에 앉아 있을 수 없는 것에서 비롯한다."

9

시간들

우리의 삶을 지배하는, 우리가 살아가고 있는 시간은 자본주의(의 생산)의 시간 곧 서구문명의 시간이다. 인류학자 홀 Edward T. Hall이 명명하는 '단일 시간monochronic time'인데, 그것이 아니었다면 아마 서구의 산업문명이 지금처럼 발전되지 못했을 것이다.[59] 편의상 줄여 'M-시간'이라 부르는 그것은, 의식적이거나 무의식적이거나 '스케줄'로 구성되는 '사회적' 시간이다. 'M-시간'이 '사회적' 시간이라는 것은, 그것은 심지어 서

---

59   Edward T. Hall, *Beyond Culture*, Anchor Books, 1976, 19쪽.

구인들도 거기에 따라 철저히 교육되고 그들의 삶에 철저히 통합되어,[60] 그것이 마치 유일하고 자연적인 시간인 듯 여겨진다는 뜻이다. 본디 "그것은 인간 자신의 리듬이나 창조적 욕구들에 내재적이지도 않고, 본성상 실존적이지도 않다."[61] 하루가 반복되고 계절이 순환하는 자연은, 그리고 그에 맞춰 자고 일어나 움직이는 우리의 몸은 그와 달리 순환적이기 때문이다. 그럼에도 불구하고 그것은 "서구문명, 그리고 이제는 대부분의 세계의 영혼"에 각인되어, "하나의 프리미엄, 귀한 자원"으로 여겨진다.[62]

60　아이들은 초등학교에 가기 시작할 때쯤 일주일에 해당하는 날들을, 일이 년 지나서 '월'들의 개념과 시계의 시간을, 초등학교를 마칠 때쯤 과거와 미래라는 시간의 관점을 이해한다. 그리고 대부분 아이들이 청소년기 말과 사춘기 초 사이에 미래에 대해 현실적으로 생각하기 시작한다. Jeremy Rifkin, 같은 책, 56-57쪽. "시간은 일차적인 사회화 도구다." Jeremy Rifkin, 59쪽. 뒤르켐의 주장에 따르면, 시간은 "사회적 삶의 핵심"으로서, "사회들은 사회적 삶들을 시간으로 조직해서, 모든 시간적 활동들의 틀을 균일하게 부여하는 리듬들을 확립한다." 또 다른 위대한 사회학자인 소로킨(Pitirim Sorokin)은, "시간이 사회적 경험의 본질적 범주"라는 점에 대해 뒤르켐의 주장에 동의한다. 같은 책, 83쪽.

61　Edward T. Hall, 같은 책, 20쪽.

62　Jeremy Rifkin, 같은 책, 12쪽. 서구적 개념의 시간이 선형적이고 양적인 것에 비해, 많은 비서구 문화에서는 사람들이 "몇 시인지 말하지 않고 무슨 종류의 시간인지 말한다. (…) 수많은 전통문화들은 지속을 추상적인 숫자가 아니라 특정한 과업과 관련해서 잰다. 예컨대, 마다가스카르에서는 '밥 짓는 시간'과 같다거나 '메뚜기 튀기는 시간'만큼 걸린다고 한다. (…) 그리고 이슬람은 월요일, 목요일, 금요일을 행운의 날로, 화요일, 토요일, 일요일을 사악한 날로 지정한다. 그리스인들은 다양한 활동을 계획하는 데 온당하고 온당하지 않은 날들의 목록을 소지했다. 예컨대 특정한 달의 네 번째와 스물네 번

'M-시간'을 구성하는 스케줄 개념은, 6세기경 베네딕트 수도회에서 비롯한다. 게으름을 영혼의 적으로 간주한 베네딕트 수사들은, 신에게 속한 시간을 최대한 낭비하지 않기 위해, 그리고 기도, 식사, 목욕, 노동, 독서, 명상, 수면 등 모든 활동을 구성원들과 함께하기 위해 스케줄을 만들어 썼다. 그들은 시간을 정확히 재기 위해 기계로 작동하는 시계를 고안했다. 문명 비평가 멈퍼드Lewis Mumford는 이렇게 말했다. "증기엔진이 아니라 시계가 현대의 핵심 기계다."[63] 베네딕트 수사들이야말로 최초의 서구문명 전문가인 셈이다.

15세기경 거대한 시계가 도시 한가운데 광장에 세워지고 도시생활의 축이 되면서, 그것은 교회 종소리를 대체하고 산업 시대를 본격적으로 열었다. 두 팔을 가진 오늘날의 시계는 18세기 초에 이르러서야 완성되었는데, 하버드 대학에서 경제학과 역사학 교수를 지낸 랑드David Landes는 이렇게 말했다. "기계 장치로 작동되는 시계의 발명은, 약하고 주변적이고 고도로 취

째 날은 특정한 일을 하는 데 위험한 시간으로, 열여섯 번째 날은 결혼을 예정하는 데 불운한 날로, 그리고 열네 번째 날은 소들을 길들이는 데 이상적인 날로 간주했다." 같은 책, 62쪽.

63 같은 책, 98쪽.

약한 지중해문명의 전초기지였던 유럽을 헤게모니적인 공세자로 바꾼 수많은 주된 진보들 중 하나였다."[64] 그로써 현대적이라는 것은 곧 시간 엄수, 훈육, 빠른 속도, 미래지향 등을 뜻하게 된다.

홀에 따르면, 라틴아메리카와 중동 등 비서구권 국가들은 'M-시간'이 아니라 '복합 시간polychronic time' 문화다. 줄여서 'P-시간'이라 부르는 그것은, 활동들이 하나씩 계기적으로 진행되는 'M-시간'과 달리, 수시로 복수의 활동들이 동시에 진행된다. 'M-시간'이 리본이나 길처럼 선형적이고 단편화되어 있다면, 그리하여 "우리를 우리 자신으로 소외하고 우리에게 넓은 의미에서 맥락의 경험을 거부한다면,"[65] 'P-시간'은 (성스러운) 점点으로서 순서 없이 여러 사람들과 소통하고 끊임없이 서로서로 개입하며 맥락성과 맞닿는다. 홀에 따르면, 서구의 현대화를 수용한 'P-시간' 문화권의 사람들은, 상황에 따라 'M-시간'을 마치 외국어처럼 사용한다. 이렇게 보면, 서구화가 삶의 양식様式이 되어버린 동아시아 문명권 또한 그렇다고 봐

---

64 같은 책, 103쪽.
65 Edward T. Hall, 같은 책, 20쪽.

야 하겠지만, 서구화가 거의 온전히 진행된 우리나라는 'P-시간'과 'M-시간'을, 마치 두 언어를 모국어처럼 사용하듯, 편의에 따라 자유롭게 사용한다고 할 수 있다.

무의식과 죽음의 특징은 일상의 시간 개념이 작동하지 않는 데 있다. 크리스테바Julia Kristeva는 이렇게 묻는다. "지구와 관련된 코페르니쿠스 혁명과 종種과 관련된 다윈 혁명 이후, 프로이트적 혁명이 시간 개념의 혁명이라고 한다면?"[66] 프로이트가 개진한 무의식 특히 '죽음 충동'의 특징은 'Zeitlos(잃어버린 시간)'인데, 독일어 접미사 '-los'는 '떨어져 나간' 혹은 '풀려버린'을 뜻한다. 그래서 'Zeitlos'는 더 이상 평범한 일상적 시간에 속하지 않거나 연결되지 않는 순간에 방점을 찍는다. 따라서 크리스테바는 그것을 "불가능한 시간화" 혹은 "시간화할 수 없는 시간성"으로 풀이해, "세계 내의 일상의 의미 있는 실존방식의 중지 혹은 좌절"로, 시간(이라는 구속)에서 풀려난 '해체된 시간 un-time'으로 파악한다. 사랑하는, 혹은 어떤 말로도 형용할 수

---

66   Julia Kristeva, *Intimate Revolt: Vol. 2 of The Powers and Limits of Psychoanalysis*, trans. by Jeanine Herman, Columbia University Press, 2002, 10쪽. 여기서 시간 개념의 '프로이트적 혁명'이라는 말은, "의식을 지닌 시간성"이라는 전통적인 서구적 개념의 시간의 전복 곧 탈주체적 시간성의 출현을 뜻하는 것으로서, 베르그송과 하이데거 등이 거기에 공헌했다.

없는 이(들)를 (특히 세월호 참사처럼) 황망하게 상실한 사람들은, 그리고 생생한 의식으로는 도무지 받아들일 수 없는 사건(트라우마)을 경험한 사람들은, 시간이 정지된 삶을 산다. 그들의 정신은 '그때'에서 한 발짝도 앞으로 못 나간다. 그들이 치유될 수 있는 방법은, 필자가 알기로는 단 하나밖에 없는데, 그것은 그러한 일을 (애도의 형식이든 고통스러운 대면의 방식으로든) 거듭거듭 불러내어 발화發話하는 것이다. 그리하는 것은, 현대성의 표준적인 시간 형식인 '선형적 시간' 혹은 크리스테바가 (상징적으로) '남성적'이라 주장하는 시간으로부터 이탈해, 순환적(혹은 반복적) 시간과 영원한(혹은 기념비적) 시간 곧 '여성적 시간'[67]으로 진입하는 일이다. 선형적 시간을 중단시키는 일이다.

새로움이 하나의 핵심가치가 된 현대성의 진보적 시간, 혹은 시간을 핵심자원으로 삼아 '생산'하는 자본주의의 남성적 시간은, 과거로 회귀함으로써 현재를 거듭거듭 '재생산'하는 여성적 시간을 억압한다. 현대문명의 진보는 자연(의 순환성)

67　크리스테바의 주장에 따르면, 순환적이고 기념비적인 시간은 전통적으로 여성 주체성과 연관된다. 특히 딸을 낳은 엄마-여성은 자신이 딸이었던 시간으로 반복해서 돌아간다.

을 지배한다. (남성적) 선형성이 시간으로 나타나기 위해서는 (여성적) 순환성이 무시간성으로 나타나야 한다. 마치 존재가 비존재를 바탕으로 성립하듯, 의식의 시간은 무의식의 무시간성을 바탕으로 삼는다. 달리 말해, 순환적 시간과 무의식의 'Zeitlos'가 시간으로 나타나지 않는 것은 오직 의식의 선형적 시간의 관점에서다.

그런데 시간이 시간으로 성립할 수 있는 것은, 앞서 논술했듯, 기억에 의해서다. 그리고 삶은 오직 기억에 의해서만 의미를 획득한다. 의미는 과거를 현재 속에 통합함으로써 생성되고 구성된다. 현재의 삶이 무의미하다면, 그것은 그것이 과거(의 삶)와 단절되어 있기 때문이다. 사르트르가 인간의 본질은 곧 인간의 역사라고 옳게 말했듯, 영혼은 과거의 것들로써 구성된다. 문명이, 사회가 여성적 시간을 억압하는 것은, 여성적 시간이 문명과 사회가 끊임없이 앞으로 나아가는 데 방해가 될 뿐 아니라, 현재(와 미래)가 특권화되는 것에도 도전하기 때문이다. 진보에 매달리는 정신은, 과거와 현재의 반복적 순환을 통한 영혼의 거듭남을 외면한다. 여성적 시간 없는 남성적 시간은 영혼 없는 몸이다.

서구적 현대화는, 종種과 언어의 수를 줄이듯, 비서구권 문화들과 비서구적 시간들을 일상 밖으로 몰아낸다. 그런데 프로이트의 말처럼 앞문으로 쫓아낸 것은 뒷문으로 들어오기 마련이다. 그리하여 그것들은 서구적 시간과 혼종을 이룬다. 자본주의 사회에 편입된 비서구권 문화들은 다른 시간'들'을 형성한다.

학자들은 시간의 차원을 계기, 지속, 계획, 리듬, 동시성, 시간관 등 여섯 가지로 구별한다. '계기'는 무엇을 먼저 하고 무엇을 나중에 할지와 관계한다. 부모들은 공부를 먼저 하고 놀기를 훈육하지만, 아이들은 거꾸로 하기 원한다. 윗사람들은 아랫사람들에게 무언가를 끝내고 다른 일을 하라고 가르친다. '지속'은 앞에서 애도의 기간과 관련해서 논술한 바 있다. '계획' 또한 앞에서 언급한 이슬람권이 요일에 부여하는 중요성과 같은 사안에 관련한다. 주기적 반복과 관계되는 '리듬'은 르페브르Henri Lefèbre가 마지막으로 심혈을 기울인 주제인데, 그에 따르면 지형학과 리듬은 상관성을 갖는다. 리프킨에 따르면 미국인은 스피드를 사랑한다. 차를 빨리 몰고, 밥을 빨리 먹고, 심지어 사랑도 빨리 한다. 역사학자 듀런트William Durant가 "급한 사람은 상당히 미개하다."[68]라고 했으니, 그에 따르면 미국인이나 한국인은 상당히 미개하다. '동시성'은 공조하는 활동에 대한 유기적 접근과 개인적 접근 간의 차이다. 미국에서는 개인이 우선인 반면, 일본에서는 집단이 우선이다.

'시간관' 또한 나라마다 다르다. 전통보다 새로움을 선호하는, 개척의 정신을 지닌 미국인은 결코 뒤를 돌아보지 않고 앞만 향한 채 순간순간의 삶을 산다. 그에 비해, 북미 원주민 이로쿼이족 사람들은 자신들을 과거의 하인과 미래의 지킴이로 생각한다.[69] 리프킨에 따르면, 황금기가 이미 끝났다고 생각하는 중국인들은 미래를 단순히 과거를 다시 살아가는 기회로 여긴다. 그들은 시간이 "천천히 움직이는, 순환적인, 예정된" 것으로 지각하고, 자신들을 "과거의 영광의 수호자"로 간주한다. 그들은 시간을 선형적인 것이라기보다 순환적인 것으로 본다. 일본의 시간관은 그와 아주 다르다. 일본인은 삶의 변화를 급속하고 가속하는 것으로, 시간을 순환적인 것이라기보다 선형적인 것으로, 현실을 유동적이며 비영구적인 것으로 본다. 그리고 과거 지향적이라기보다 미래 지향적이고, 서구처럼 시간

68　Jeremy Rifkin, 같은 책, 73쪽.
69　같은 책, 77쪽.

을 귀한 자원으로 본다.[70]

여기서 중요한 것은, 세상에는 세계를 지배한 서구문명의 '단일 시간' 이외에 다른 시간들이 여럿 있다는 점이다. 그리스 어에는 시간을 나타내는 말이 몇 개 있다. 그중의 하나는 '크로 노스chronos'로서 우리와 상관없이 흘러가는 균질적인 양적인 시간 곧 서구문명의 '단일 시간'에 해당하고, 다른 하나는 '카이 로스kairos' 곧 단 한 번 일어나지만 모든 것을 변화시키는, 그래 서 우리의 삶(의 방향)을 바꾸는 질적인 시간을 뜻한다. 또 다른 하나는 '호라hora'인데, 하루의 때를 나타낸다.[71] 그리고 더 중요 한 것은, 우리의 일상을 지배하는 자본주의의 시간을 중단해야 비로소 진실로 인간적인 시간이 출현할 수 있다는 것이다. 우 리를 먹어치우는, 우리의 영혼과 삶을 빼앗아가는 생산(과 효 율)의 시간 '크로노스'는, 오직 '카이로스'의 인식의 순간을 통 해 우리의 삶에 복무시킬 수 있다. 그리고 그것은, "삶은 아직 오지 않은 죽음"이라는 릴케Rainer Maria Rilke의 말처럼, 'Zeitlos' 혹은 여성적 시간을 통해 가장 강력하게 이룰 수 있다. "죽음을

---

70 같은 책, 136-137쪽.
71 복수형 '호라이(horai)'는 계절의 변화를 담당하는 신의 이름이다.

부정하는 문명은 삶을 부정하는 것으로 귀결된다." 멕시코의
위대한 시인 옥타비오 파스Octavio Paz의 말이다.

10

/

속도

군인의 죽음

- 월리스 스티븐스

생을 계약하고 죽음이 예기된다,
가을의 계절처럼.
군인이 떨어진다.

그는 그의 별리別離를 내세우며,
장대한 의식을 치르는

삼일간의 명사名士가 되지 않는다.

죽음은 절대적이고 기념비가 없다,
가을의 계절처럼,
바람이 멈출 때,

바람이 멈출 때 그리고, 하늘 위로,
구름들이 간다, 그럼에도 불구하고,
그것들의 방향으로.

가속加速밖에 모르는 자본주의의 시간은 여러모로 문제다.
거기에 따라 사는 것도 고단하고, 거기서 벗어나 사는 것도 무
척 힘겹다. 그럼에도 불구하고 어떤 방식으로든 때때로 그 궤
도로부터 이탈하지 않고서는 영혼이 메마르고 삶이 공허하다.
그나마 시간이나 경제가 조금이라도 허락되면 전혀 다른 시간
의 세계로 훌쩍 떠난다. 혹은 떠나기를 꿈꾼다. 한 신문 기사에
따르면, 〈나의 산티아고〉[72]가 개봉 3주차에 5만 명의 관객을 돌

72　이 기사는, 이 영화는 "최고의 코미디언 하페가 번아웃 증후군에 시달리다 떠난
산티아고 순례 여행에서 그동안 몰랐던 새로운 자신과 신을 마주하며 겪은 이야기를 유
쾌하게 그려낸 작품"이라고 소개하고 있다.

파해서 화제다. 그런데 칸트와 같은 이는, 평생 먼 여행 한번 떠난 적이 없어도 충분히 만족한 삶을 살았다. 우리가 속한 세상과 다른 시간의 삶이다.

가속의 문제는 우리가 속도를 느끼지 못하는 데 있다. 하나의 궤도에 따라 끊임없이 증대되는 속도는 속도가 아니라 운동이다. "속도와 운동을 구별할 필요가 있다. 운동은 아주 빠를 수 있어도 속도가 아니다. 속도는 아주 늦을 수 있어도, 혹은 심지어 움직이지 않아도, 여전히 속도다."[73] 우리는 항상 움직임 속에 존재하지만, 그렇다고 해서 항상 속도 속에 있는 것은 아니다. 모든 운동이 아니라 특정한 운동만 속도를 지니기 때문이다. 속도speed는, 시간에 따른 변위를 객관적 운동량으로 나타내는 '물리적 속도velocity'와 달리, 주관적 통찰이 승인하는, '변화의 순간'에 경험하는 물질적인 변화의 현상이다. 높이 날고 있는 제트비행기는 다만 (빠르게) 움직일 뿐, 속도를 지니지 않는다. 속도가 존재하는 것은 오직 변화의 순간이다.[74]

---

73 Gilles Deleuze and Félix Guattari, *A Thousand Plateaus*, University of Minnesota Press, 1987, 381쪽.
74 그리하여 들뢰즈는 그것을 '사건(event)'이라고도 한다.

속도는 두 가지 특성을 지닌다. 첫째는 시간적인 것인데, 속도는 예상할 수 없는 새로움을 생성한다는 점에서 베르그송의 지속처럼 반–목적론적이다. 둘째는 공간적인 것인데, 속도는 공간을 열고 흐름을 탈–코드화하는 방식 곧 장벽을 부수는 방식으로 작동한다는 점에서, 그래서 종종 넘어서고 자유로워지는 감정을 동반한다는 점에서 시적詩的이다. 따라서 속도는 카이로스(새로움이 열리는 사건의 시간)에 속한다. 그리하여 그것은 특이한 순간 혹은 순간적인 것으로서, 비록 미래를 향해 열려 있고 과거에 의해 알려지지만, 크로노스로 연장되지 않는다. 크로노스로 편입되는 순간 소멸한다. 그리되지 않는 것 곧 들뢰즈와 가타리가 '죽음의 선'이라고 부르는, 재영토화되지 않는 탈주선은 재난으로 마감한다.

카이로스에 속하는 속도는, 운동과 달리, 크로노스(선형적으로 진행하는 시간)의 궤적으로부터 이탈한다. "운동은 연장적이다. 속도는 집중적이다. 운동은 점에서 점으로 간다. 속도는 그와 반대로, 환원 불가능한 부분(원자들)이 언제든 튀어나올 가능성을 지닌 채 회오리 방식으로 하나의 매끄러운 공간을 점유하거나 채우는 신체의 절대적 특징을 구성한다."[75] 여기서 중요한 것은 '언제든 튀어나올 가능성' 곧 예기치 않은, 예측 불가능한, 놀라움을 주는 요소다. 그러니까 속도는 예측 불가능한 것을 도입하는 전이轉移라는 것이다. 고대 그리스 철학자 루크레티우스Lucretius가 원자primordia; 始原體가 관성 운동에서 벗어나는 힘을 가리키기 위해 쓴 클리나멘clinamen[76]이 하나의 사례로서, 예상된 것으로부터 순간적 이탈, 분명히 예정된 길로부터의 방향 전환이다. 속도는 오직 이미 존재하는 궤적과 관계된다. 그리하여 우리로 하여금 '시간의 빈틈rift in time'[77]을 인식하게 한다.

속도가 생산하는 '시간의 빈틈'은, 아렌트Hannah Arendt에 따르면, 사유thinking의 활동에 의해 생성된다. "사유는 항상 질서를 벗어나며, 모든 일상적 활동들을 중단하고 또 그것들에 의해 중단"[78]되기 때문이다. 아렌트가 제시하는 최상의 사례는,

---

75　Gilles Deleuze and Félix Guattarii, 같은 책.

76　원자는 허공을 가로질러 아래로 떨어질 때 직선으로 떨어지지 않고 언제 어디서나 주어진 방향에서 벗어난다. 이것이 뜻하는 바는, 원자가 단지 중력에 이끌려 떨어지고 있는 무속도가 아니라 자신의 속도를 가지고 있다는 것이다. 원자의 고유한 속도는 바로 중력을 이기는 힘, 중력을 벗어나는 힘으로 정의되는데, 루크레티우스는 중력이나 관성에서 벗어날 수 있는 원자의 힘을 클리나멘이라고 부른다.

77　William E. Connolly, *Neuropolitics: Thinking, Culture, Speed*, University of Minnesota Press, 2002.

78　Hannah Arendt, *The Life of the Mind*, Vol. 1, A Harvest Book, 1971, 197쪽.

돌연히 "자신에게 마음을 쏟는" 그래서 함께하는 사람들과 단절하는 소크라테스의 습관이다. 크세노폰Xenophon에 따르면, 그는 깊은 생각에 잠겨 군대막사에서 스물네 시간 동안 꼼짝달싹하지 않았다. 사유의 활동에서 흥미로운 것은, 그것이 사유하는 자아를 '어디에도 있지 않음nowhere'의 상태로 옮겨놓는다는 점이다. 발레리Paul Valery의 표현으로, "생각할 때 우리는 존재하지 않는다."[79] 사유는 (특수한 것의 보편적 우선성을 고집할 때조차) 항상 '본질적인 것'과 맞물리는 것인 까닭에, 사유하는 자아는 모든 곳에 있으면서 그와 동시에 아무 곳에도 있지 않다. 그리하여 아렌트는 사유하는 자아가 있는 곳을 '빈틈void'으로 고찰한다.

아렌트에 따르면, 사유 활동은 공간뿐 아니라 시간의 '빈틈'도 연다. 아렌트는 그것을 카프카와 니체의 이야기를 끌어와 설명한다.[80] 카프카의 '그HE'는 두 사람의 적과 싸운다. 첫 번째 적은 뒤에서 그를 밀고 두 번째 적은 그의 앞을 막는다. 진퇴양난에 빠진 그는 적들이 방심할 때 뛰쳐나와 적들끼리 싸우

---

79 아렌트에 따르면, 사유 활동의 바로 그러한 '집 없음의 상태'를 명징하게 인식한 유일한 위대한 사상가는 아리스토텔레스다. 같은 책, 199쪽.
80 같은 책, 202-208쪽.

는 모습을 심판자로 지켜보는 꿈을 꾼다. 니체의 차라투스트라 Zarathustra가 출입구에 당도한다. 모든 출입구가 그렇듯, 그것은 입구와 출구에 이르는 두 길이 만나는 지점이다. 지금까지 누구도 그중 어느 한 길도 끝까지 가본 사람이 없다. 그 두 길은 '영원'이며 서로 마주 대립한다. 출입구의 이름은 '지금Now'이다. 이로부터 길고 영원한 길이 그의 앞뒤로 놓여 있다. 아렌트가 보기에 이 우화들은 일상의 삶을 사는 자가 아니라, 부재하는 것 곧 이미 사라졌거나 아직 나타나지 않는 것을 사유하는 자의 시간 감각을 기술한다. 사유 활동은 시간에 맞서는 싸움·이다. 과거와 미래 사이의 빈틈은 오직 반성 안에서 열린다. 끊임없이 변하는 시간 연속체가 과거, 현재, 미래로 나뉘어져 과거와 미래가 서로 적대적인 관계에 놓이는 것은 오직 반성하는 그가 거기 있기 때문이다.

아렌트가 보기에, "위대한 작품들의 이상한 존속, 수천 년을 이어온 상대적 영구성"이 가능한 것은, 그것들이 "그 작가들의 사유가 이겨낸 눈에 띄지 않는 그 작은 비-시간의 노정路程"으로 인해서다. (무한한) 과거와 (무한한) 미래가 자신들을 향하고 있는 것으로 받아들여, 현재를 자신의 시간으로 삼아 불후의 작품들을 창조할 수 있는 일종의 '무시간적 시간timeless time'으로 확립한 덕분이다.[81] 사유 활동으로 경험하는 "지금 서 있음 nunc stans"의 시간적 차원, '아직 아님'과 '더 이상 아님'을 끌어 모으는, "우리가 태어난 세계와 문화와 달리, 시간의 심장부 속의 이 작은 비-시간 공간" 곧 칸트의 "순수 지성의 섬"은, 우리의 삶 전체와 그 의미가 머무는 유일한 영역이다. 스티븐스의 시 〈군인의 죽음〉에서 말하는 가을의 계절처럼, 바람이 멈추고 누군가 죽지만, 하늘 위의 구름들은 그럼에도 불구하고 가던 방향으로 계속 간다.

81   같은 책, 210-211쪽.

11

살아 있는 시간

최승자의 시 〈나의 생존 증명서는〉 첫 연은 이러하다. "나의 생존 증명서는 시였고/ 시 이전에 절대 고독이었다/ 고독이 없었더라면 나는 살 수 없었을 것이다" 그를 살아 있게 한 것은 고독이라는 말인데, 어째서 그런가? 고독할 때 비로소, 우리는 전적으로 우리 자신으로 존재하기 때문이다. 오직 그때, 우리는 우리 자신의 시간 속에 머물기 때문이다. 오직 그때, 우리는 우리의 삶을 살기 때문이다. 우리는 우리 자신을 오직 고독 속에서만 만날 수 있다.

삶은, 산다는 것은, 살아간다는 것은 능동이다. 삶의 수동 형식인 '살아진다'는 말부터 어색하다. 문법에도 맞지 않다. 백번 양보해서 그 말을 받아들인다 한들, 거기에는 기껏해야 생명유지라는 의미밖에 없다. 능동은 반드시 주체가 존재한다. 그리고 그 주체는 '나'다. 능동의 주체인 '나'가 무엇인가를 하는 것이지, 누군가가 시켜서 하는 것이 아니다. 누군가가 시키는 일도, '나'가 물러난 상태로 수동적으로 하는 것이 아니라, '나'가 나서서 그 일을 나의 삶의 한 부분으로 받아들여 '나'가 수행하는 것이다. 그리하지 않는 것은 사는 것이 아니다. 그러므로 사는 것은 곧 '나'를 고집해나가는 것이라고 할 수 있다. 나의 자유, 주체, 주권을 고집해나가는 일이다. 그런데 놀랍게도 적지 않은 사람이, 특히 가혹한 상황에서, 삶의 능동성을 포기한다. 그리하여 "모든 사람은 죽는다. (그러나) 모든 사람이 진짜 사는 것은 아니다." 자유의 삶을 쟁취하기 위해 싸우다 죽은 스코틀랜드의 민족 영웅 월리스William Wallace가, 영화 〈브레이브하트〉에서 배우 멜 깁슨의 입을 빌려 한 말이다.

그러므로 살아가는 데 가장 중요한 것은 '나'의 주권을 확보하는 일이다. 내 삶을 나의 통제 아래 두는 일이다. 삶은 탄생과 죽음 사이에 속하는 필멸必滅의 과정인 까닭에, 그리하기 위해서는 일차적으로 '나의 시간'을 확보해야 한다. 오로지 내가 원하는 방식으로 쓸 수 있는 시간을 (가급적 많이) 만들어야 한다. 이것은, 마르크스의 말처럼 노동력밖에 갖고 있지 않은, 그래서 "다른 사람들의 노예가 될 수밖에" 없는 대부분의 사람들로서는 참으로 어려운 일이다. 적지 않은 사람들은 '저녁이 없는 삶'이 아니라 밤마저 없는, 심지어 자신의 시간이 전혀 허락되지 않는 삶을 살기 때문이다. 게다가 우리가 살고 있는 초-연결사회는 잠시도 우리를 홀로 두지 않는다. 혹은 우리 스스로 홀로 있지 못한다. 스마트폰도 잠시 꺼두지 못한다. (능동의 삶을) 살기 위해서는, 아무리 짧아도 '나만의 시간'이 필요하다. 그리고 나의 삶(의 능동성과 수동성)을 검토해야 한다. 그리하는 것은, 지금 하고 있는 일의 '조건 없는 중단'으로 개시된다(아무리 빡빡한 환경이라도 대개 화장실 갈 만한 여유는 있는 법이다). 그리하여 세상만사로부터 무조건 물러나 고독 속에 자신을 대면해야 한다(생각에 잠기는 것만으로도 대개 가능한 일이다).

그렇게 하는 것은 무척 어렵다. 그러한 까닭에 각자覺者는 다음처럼 말한다. "삶이 종말에 이르게 될 것을 두려워 말고, 삶을 결코 시작할 수 없게 될 것을 두려워하라." 옥스퍼드 운동Tractarianism의 지도자이며 추기경이었던 뉴먼John Henry Newman

의 말이다. 그리고 미국 작가 키타Joe Kita는 『우리 아버지들의 지혜Wisdom of Our Fathers』에서 이렇게 말했다. "삶이 심지어 우리가 살고 있는 와중에도 우리로부터 빠져나갈 수 있다는 것은, 우스꽝스럽다." 월리스의 말로 다시 하자면, 모든 사람이 살지만, 그렇다고 해서 모든 사람이 진짜 사는 것은 아니라는 것이다. 진짜 사는 것은 무엇인가? 혹은 어떤 것인가?

진짜 사는 것은, 한마디로, 공간이 아니라 '시간의 삶'을 사는 것이다. '시간의 삶'이야말로 진정하게 우리 모두 우리 자신의 삶을 사는 것이기 때문이다. 그러한 까닭에, 큰 집도 고급차도 그리 중요하지 않다. 그것들은 다 시간의 차원과 무관하다. 어째서 그런가? 앞서 논술했듯, '나'라는 정체성과 본질은 시간(기억)에 있기 때문이다. 기억이 없으면 시간도 없고, 그와 더불어 '나'도 없다. '나'뿐 아니라 우리도 없고 세계도 없다. 그러므로 시간이야말로 진정한 삶의 핵심인 셈이다.

이 지점에서 베르그송의 '순수기억'을 다시 떠올릴 필요가 있다. '순수기억'(혹은 '이미지기억')이란, 내가 최초의 유년기로부터 지금까지 나의 몸이 세계와 접촉한 모든 것, 혹은 '우주적 지속의 일부가 나의 몸 이미지에 포착된 모든 것', 그러니까 지각과 의식의 범위를 넘어 심지어 회상할 수 없는 것까지 포함하는 전체를 뜻한다. 그것은 내가 나의 전 생애 동안 '나의 몸'으로써 경험한 것들의 총체로서 오직 나에게만 속한 것이다. 그러므로 '나'라는 실존의 본질은 바로 거기에 있다. 그리고 그것은, "절대적으로 자족적이고, 그것이 생겨난 모습 그대로 존속하며, 그것이 동반하는 모든 지각들과 함께 내 역사의 환원할 수 없는 순간을 구성"[82]하는 전체로서, 매 순간 나를 따라와 나의 기억과 지각에 영향을 미친다.

그런데 당면한 삶을 살아가는 방편인 우리의 지각은, 밀려오는 감각 자료들을 빼기를 통해 취사선택한다. 지각은 언제나 당면한 상황에서 "가능적 행동"이라는 몸의 실용적 기능과 맞물리는 까닭에, 오직 '지금 여기'의 관심에 부합하는 것만 취한다. 그로써 제거되거나 걸러지는 것, 예컨대 소리, 빛, 냄새, 리듬, 진동, 분위기, 느낌 등은 모두 '하부지각infra-perception'이라 부르는 층위에 (기억으로) 보존되고 동원된다.[83] 그리하여 그것

---

82 황수영, 같은 책, 134쪽.

83 베르그송은 다음과 같이 쓰고 있다. 지각에서 기억은 "과거로부터, 과거의 축적된 노력들을 나타내는, 지적으로 구성된 운동들만 유지한다. 그것은 과거의 노력들을, 그것들을 상기시키는 '기억이미지'가 아니라, 실제 운동이 발생하는 확정적인 질서와 체계적 성격으로 복구한다. 실제로 그것은 과거를 우리에게 더 이상 재현하지 않고, 그것

들은 이미지 처리가 불가능한 응급 상황이나 일상과 전혀 다른 상황에서는 활성화되어 지각의 수면으로 떠오르기도 한다. 물론, 그 저변에는 늘 순수기억이 자리 잡고 있다.

여기서 중요한 것은, 지각은, 그리고 의식과 생각은, 그 하부에 다양한 감각들을 지닌 다층적 성격을 띤다는 점이다. 기억에는 적어도 세 가지 층위가 있다. 현재의 상황이 불러내는 명시적 기억, 끄집어내기에는 여유가 없어서 행위의 맥락에 암시적으로 작동하는 잠재적 기억, 그리고 여유가 충분해도 명시적 형태로 기억해낼 수 없는 (순수)기억. 그리고 마스미Brian Massumi에 따르면,[84] 기억은 거기에 혼합된 특정한 정동affect[85]의 전하電荷를 지닌다. 그리하여 그 정동은 생각과 판단이 특정한 방향으로 움직이도록 돕는다. 그러니까, 지각 곧 의식과 지성

을 행한다. 만약 기억이라는 이름이 여전히 마땅하다면, 그것이 지나가버린 이미지들을 보존하기 때문이 아니라, 현재의 순간에 그것들의 유용한 효과를 연장하기 때문이다." Henri Bergson, *Matter and Memory*, trans. by N. M. Paul and W. S. Palmer, Zone, 1991, 82쪽.
84   Brian Massumi, "The Autonomy of Affect," *Deleuze: A Critical Reader*, edit. by Paul Patton, Blackwell, 1996, 217-239쪽.
85   정동(affect)은 종종 감성(emotion)과 유사하게 쓰이지만, 둘은 다르다. 감성이 주관적인 내용, 경험의 질의 사회·언어적 고정물이라면, 그래서 개인적인 것이라면, 정동은 자율적인 것으로서 인간을 넘어 만물에 적용되는, 언어나 이미지로 한정할 수 없는 일종의 장(場)이다.

의 판단은 그 아래 잠복하고 있는 정동의 영향 안에서 이루어진다는 것이다. 니체도 그리 생각한다. "논리적인 것의 제1단계는 판단이다. (⋯) 판단의 본질은 믿음 속에 있다. 모든 믿음의 밑바닥에는 느끼는 주체와 관계된 즐거움 또는 고통의 감각이 깔려 있다. 우리들 유기적 존재는 근원적으로 어떤 사물이 유쾌함이나 고통으로 우리와 관련되지 않는 한 어떤 흥미도 느끼지 못한다."[86]

우리의 생각은 그러한 정동 없이 창조성을 얻기 어렵다. 심지어 정동의 능력을 일부만 손상해도, 계산적 사고는 큰 탈이 없지만 순수한 이성에 극심한 한계가 발생한다.[87] "생각의 창조적 요소가 가장 활기찬 추동력과 가능성을 발견하는 것은 (⋯) 정동의 활동을 통해서다."[88] 따라서 니체는 다음과 같이 말한다. "(의식적인) 사고와 감정의 단순한 훈육은 실제로 아무것도 아니다. (⋯) 우리는 먼저 몸을 설득해야 한다. (⋯) 우리는 문화의 기틀을 제자리에 세워야 한다. 제자리는, '영혼'이 아니라, 몸, 처신, 식사, 생리학이다. 나머지는 거기 따른다."[89] 아주 오

86 프리드리히 니체, 『인간적인 너무나 인간적인 I』, 김미기 옮김, 책세상, 2001, 41쪽.

87 William E. Connolly, 같은 책, 미주 38.

88 같은 책, 76쪽.

래전 루크레티우스가 마음은 머리가 아니라 가슴 한가운데 있다고 주장했는데, 흥미롭게도 최근의 여러 신경과학자들이 내린 결론에 따르면, 가슴 아래 부분은, 두뇌체계처럼 복잡하지는 않지만, 더 높은 뇌 영역과 소통하는 하나의 단순한 피질 복합체cortical complex를 지니고 있어서, 역겨움, 불안, 두려움, 그리고 테러 등과 같은 강렬한 감정들을 출현시킨다. 그리고 최근의 뇌 연구에 따르면, 우리의 의식은 0.5초 늦게 나타난다. 감각 자료들을 수용하고, 그것들이 지각, 감정, 판단에 이르는 사이, 이해 불가능한 비-의식적 활동들이 발생한다.

거듭 말하건대, 사는 것은 능동성 속에 있는 것이다. 능동성은 생성의 힘으로서, 기억으로 남아 있는 과거와 불확실한 미래를, 끊임없이 생멸生滅하는 '지금'으로써 결구하는 힘이다. 그러한 까닭에, 그것은 선형적 시간을 벗어난다. 주어진 것에 승복하는 양태는, 흘러가는 흐름에 순응하는 힘은 살아 있는 것이 아니다. "나는 반항한다, 고로 존재한다."는 카뮈Albert Camus의 정언定言처럼, 살아 있다는 것은 꿈틀대는 것이며 반항하는 것이다. 기어코 자신의 길을 내어가며 자신의 삶을 살아가는

---

89   Friedrich Nietzsche, *Twilight of the Idols*, no. 47, 101쪽.

것이다. 자신을 조형해나가는 것인데, 삶의 철학자 니체는 그
것을 '자기-예술self-artistry'이라 부르며, 그로써 하나의 '새로운
귀족nobility'이 되기를 장려한다. '새로운 귀족'에 이르는 과정은
세 단계를 거친다.[90] 1) 우선 삶에는 본질적인 의미가 없다는
사실에 대해 분노하는 마음을 극복해야 한다. 그리하여 우리
모두 귀족이 될 수 있다는 것을 인식한 채 우리 자신을 기꺼이
실험의 대상으로 삼아야 한다. 2) 오랜 연습을 통해 최고로 성
취할 수 있는 우아하고 매끄러운 행동을 배양해야 한다. 3) 하
나의 귀족으로 존재하기 위해서는, 다른 형식들의 귀족과 긍정
의 관계를 맺어야 한다. 자기실험, 우아함, 그리고 복수성이다.
그의 유명한 권면은 이러하다.

　　"나를 믿어라! 실존으로부터 가장 큰 과실과 향락을 수확
　　할 수 있는 비밀은 이것이다: 위험하게 살아라! 너의 도시들
　　을 베스비우스 산기슭에 건설하라! 너의 배들을 탐험되지 않
　　은 바다들로 보내라! 너의 동료들과 너 자신들과 전쟁하며 살
　　아라!"[91]

90　　William E. Connolly, 같은 책, 165쪽.

91　　Friedrich Nietzsche, *The Gay Science*, edit. by B. Williams, trans. by J. Nauckhoff,
Cambridge University Press, 2001, 161쪽.

진짜 살아가는 것은, 안전한 체계에 의존해 선형적 시간을 따라가는 것이 아니라, 거기서 이탈한 채 그 바깥의 모든 것들과 온몸으로 부딪혀가며 나 자신을, 나의 삶을 하나의 예술작품으로 만들어가는 것이다. 그리하기 위해서는 우선, 이미 주어진 것들을 의심하고 검토하고 해체하고 재구성해야 하는데, 그것은 머리로써는 부족하다. 몸의 도움이 크게 필요하다. 의식에 떠오르는 생각 혹은 의식적인 생각은 (소통의 기호인 언어의 형태를 취하는 까닭에) 살아 있는 존재의 "가장 작은 부분" 곧 "가장 피상적이고 가장 나쁜 부분"이기 때문이다.[92] 베르그송의 관점에서 말하자면, 모든 층위의 기억이 필요하다. 유용성과 맞물린 지각과 달리, 기억이야말로 살아 있는 존재의 가장 큰 부분이며, 가장 핵심적이고 가장 소중한 부분이기 때문이다.

기억은 정동을 수반한다. 그로써 살아 있음의 토대를 제공한다. "살아 있음의 감각"은 나 자신을 의식하는 것이며, 나를 구성하는 감각들로부터 온다. "살아 있음의 감각"이란 "끊임없는 비-의식적 자기지각(무의식적 자기반성)이다."[93] 마스미에

92　Friedrich Nietzsche, *The Gay Science*, IV, no. 354, 298-299쪽.
93　같은 책.

따르면,[94] 정동은 특정한 몸의 감금을 빠져나간다. 그런데 그것은 부차적 지각side-perception으로서 어떠한 사태에 때맞추어 국지화될 수도 있다. 예컨대 기쁨(슬픔)이 기쁨(슬픔)이 아닌 무엇이라는 인식이 돌연히 들 때다. 정동은, 그러할 때 대개 '충격'의 형태로 부정적이지만, 그것이 모든 사태에 수반되는 '배경 지각'처럼 연속성을 지닐 경우 대개 긍정성을 획득한다. 그로써 우리는 우리 자신의 활기를 지각하고, 살아 있음과 자유를 감각하기 때문이다. 억압과 제한은 해방과 자유의 힘의 근원이다.

니체가 '자기-예술'로써 이루고자 하는 것은 자기 자신에 대한 만족이다. "실존에 대한 고양된 감정, 삶의 풍부성에 대한 '감사'"로서,[95] 다마지오Antonio Damasio가 '정동적 사고affective thought'의 신경생리학에 대한 자신의 연구에서 언급하는 "감성들 사이를 지배하는 몸 상태"와 유사하다. 니체에게 예술의 목표는 실존의 긍정 곧 "삶의 동물적 긍정visceral affirmation of life"[96]을 존재의 배경에 탄탄하게 접어 넣는 것이다. 이것을 이룰 때,

---

94   Brian Massumi, 같은 책, 97쪽.

95   William E. Connolly, 같은 책, 170쪽.

96   같은 책.

우리는 너그러운 윤리적 감성을 획득한다. "인간은, 이 시詩에 의해서든 저 시 혹은 예술에 의해서든, 자기 자신에 대한 만족을 달성해야 한다. (…) 자기 자신에게 불만족스러운 사람은 끊임없이 복수하려 하고, 우리 다른 사람들은 그의 희생자가 될 것이다."[97] 그리하여 니체가 부여하는 아름다움의 이름은, 우리가 지각하지 못하지만 우리의 지각을 무의식적으로 변화시키는 정동과 같은 "느린 화살"이다.

> "가장 고귀한 종류의 아름다움은 갑자기 매혹시키는 그런 아름다움이나, 폭풍처럼 도취시키는 아름다움이 아니라(그와 같은 것은 역겨움을 일으키기 쉽다), 인간이 거의 의식하지 못한 채 계속 지니고 있는 아름다움, 꿈속에서 한 번 만난 듯, 우리들 마음속에 겸손히 자리 잡은 후 결국 우리를 점령하여 우리의 눈을 눈물로, 우리의 마음을 동경으로 채우면서 천천히 스며드는 아름다움이다."[98]

"실존에 대한 고양된 감정"이나 "삶의 풍부성에 대한 감사"

---

97 Friedrich Nietzsche, *The Gay Science*, IV, no. 290, 233쪽.
98 프리드리히 니체, 김미기 옮김, 같은 책, 170쪽.

는, 내가 시간의 주인이라는, 그리고 시간을 충분히 만족스럽게 썼다는 자기긍정의 의식과 감정에서 나온다. 그것이 곧 열정의 삶이다. 그것은 들뢰즈가 『시네마 2』에서 '이 세계에 대한 믿음'으로 표현한, '몸에 대한 믿음'이기도 하다. 그리하여 빠져나가고 들어오는 순간들을 그저 흘려보내지 않고 알뜰하게 챙긴다. 존재의 알뜰한 챙김이야말로 진짜 사는 것이다. 그때 충만한 삶에 대한 감사가 온몸에 동물적으로visceral 퍼진다. 『느리게 산다는 것의 의미』의 저자 쌍소는 하루가 탄생하는 지극히 일상적인 사건에서 충만한 감동을 느낀다.

"그 어떤 사건들보다 가장 나를 흥분케 하는 것은 '하루'의 탄생이다. 하루가 탄생하는 것을 볼 때마다 충만함을 느낀다. 왜냐하면 하루는 24시간 동안 매 순간 깨어나서 자신의 모습을 드러내기 때문이다. 하루의 탄생이 찬란한 빛 속에서 일어나든지, 혹은 어렴풋한 안개 속에서 일어나든지 그런 것은 중요하지 않다. 나의 눈에는 하루의 탄생이 어린 아기의 탄생보다 더 감동적으로 다가온다."[99]

99　피에르 쌍소, 같은 책, 226쪽.

천재화가 이중섭이 헬조선만큼이나 열악한 삶의 환경에서 그림을 그릴 수 있었던 것도, 이탈리아의 위대한 시인 단테 Alighieri Dante가 지옥만큼이나 가혹한 삶의 처지에서도 위대한 작품을 써낼 수 있었던 것도, 순간순간을 생성의 근거로 살았기 때문이다. "현명한 사람에게는 하루하루가 새로운 삶이다. 이날은 결코 다시 오지 않는다는 것을 생각하라." 단테의 말이다. 이들은, 니체의 말처럼, "일생 동안 어린아이와 젊은이인 채로 있으며 자신에게 예술충동이 엄습했던 지점에 머"[100]문 삶을 살았다.

100   프리드리히 니체, 김미기 옮김, 같은 책, 169쪽.

12

시간의 건축[101]

공간이 소유의 문제라면, 시간은 존재의 문제다. 공간성 없는 시간은 소유와 무관하고, 시간성 없는 공간은 존재와 무관하다. 20세기 휴머니즘 시대의 세 가지 키워드 자유freedom와 평등equality과 박애fraternity가 시간의 차원에 가깝다면, 21세기

---

101   나는 여기서 '시간의 건축'을, 창작자의 관점에서 다루는 퀸터(Sanford Kwinter, *Architecture of Time: Toward a Theory of the Event in Modernist Culture*, The MIT Press, 2001)와 달리, 수용자의 관점 곧 인식과 경험의 차원에서 다룬다. 그리고 '건축'이라는 용어를 짓기로 풀이하는데, 그리함으로써 나는, 하비(David Havey)가 말한 바처럼, 우리 모두 자신을 건축가로 자처해서 스스로 자신의 운명과 행운, 그리고 환경을 '건축'해 나간다는 것을 시사한다.

자본주의의 세 가지 키워드 안락comfort, 안전safety, 지속가능성 sustainability은 공간의 차원에 가깝다.[102] 선형적 시간 곧 목적론적 시간이 생산과 소비의 시간이라면, 비선형적 시간은 비생산적 활동들 곧 축제와 사랑의 시간이다.

그런데 인간의 의식과 삶의 환경은 시간적이라기보다 공간적이다. 자본주의의 궁극적 목표는 축적이며, 성스러움도 장소와 사물과 관계한다. 심지어 범신론 철학도 공간의 종교다. '지고至高의 존재'는 시간이 아니라 모든 곳에 있거나 모든 것을 초월하는 (무한한) 공간에 머문다. 심지어 신神도 시각 (그것도 인간의 형상을 닮은) 이미지로 존재한다. 인간은 망각(시간)에 맞서기 위해 형이하학적으로는 기념비를 구축하고, 형이상학적으로는 역사를 만든다. 그리하고는 도리어 그것들로써 망각한다. 인간은 시간을 공간에 복종시킨다.

인간은 거의 모든 삶의 활동을 공간에 바친다. 더 좋은 몸을 갖기 위해, 더 높은 지위를 얻기 위해, 더 좋고 더 넓고 더 높은

102　이 셋은 마르쿠제(Herbert Marcuse)가 (일차원적 사회의) 일차원적 인간이 살아가는 가치와 꼭 같다.

공간을 갖기 위해 평생 애쓴다. 그래서 공간으로는 무엇을 할지 너무나 잘 알지만, 시간 앞에서는 어찌할 바 모른다. 천하든 귀하든 주어진 시간을 기껏해야 공간을 위해 쓰는 법밖에 모른다. 그런데 삶의 알맹이는 시간(기억)이다. 삶의 내용을 이루는 것은 (새롭고 다양하고 풍성한) 경험이요 체험이다. 정신이 갈구하는 것은 통찰과 각성인데, 그것은 오직 고독한 시간 속에 나타난다. 그렇다고 공간을 폄훼할 일은 아니다. 공간은 인간 존재의 하나의 바탕이기 때문이다. 문제는 공간에 대한 지나친 집착이며 시간에 대한 지나친 무관심이다. 그리하여 공간(사물)에 의미를 부여하는 것은 시간(기억)이라는 것을 간과한다.

유대인들에게 신을 공간화하는 일은 금기다. 이미지(우상)도 만들 수 없고 이름도 붙일 수 없다. 오늘날 신의 이름으로 통용되는 '야훼'라는 말은, 그의 이름을 부를 수 없는 까닭에 필연적으로 쓸 수밖에 없었던 신의 주권을 형용하는 보편어가 소리로 변형된 것이다. 유대교는 시간의 성화聖化를 목표로 삼는, 시간의 종교다. 성경은 공간보다 시간과 더 관계된다. 나라와 사물들이 아니라 세대들과 사건들(출애굽, 오순절 등)이 중심을 이룬다. 신이 축복하고 성스럽게 만든 제7일 곧 안식일이 시작되는 시간에는 세속사가 무조건 중단된다. 창조행위로써 결정된 그날은, 시간의 영원성을 함께 공유하고 나누는 유대인들의 위대한 성당이다. 유대인들에게 시간은 결코 균질적이거나 빈 시간이 아니다.

"유대인들에게는 미래를 연구하는 일이 금지되었었다. 그에 반해 토라와 기도는 그 미래를 회상 속에서 가르친다. (…) 그렇다고 해서 유대인들에게 미래는 균질하고 공허한 시간이 되지 않았다. 왜냐하면 그 미래 속의 매초는 메시아가 들어올 수 있는 작은 문이었기 때문이다."[103]

시간의 건축은 균질하고 공허한 시간을, 선형적 시간을 파열하지 않고서는 불가능하다. 시간의 건축이란 근본적으로, 일상의 시간에 빈틈을 만들어 거기에 '다른' 시간들이 끼어들게 하는 것이기 때문이다. 가장 쉬운 방법은 안식일처럼 특정한 시간을 절대적 시간으로 만드는 것이다. 그리하여 때가 이르면, 안식일처럼, 일상의 시간이 무조건 멈추도록 하는 것이다.

시간의 건축은 기다림과 초월과 반복의 미학이다. 오랜 기

103　발터 벤야민, 최성만 옮김, 같은 책, 350쪽.

다림으로 때가 이르고서야 어김없이 돌아오고 돌아오는 하늘과 땅이 이루는 시학이다. 천문학에 정통한 마야 문명의 쿠쿨칸 피라미드는, 춘분과 추분의 태양이 (북쪽 계단에) 그림자를 드리우면서 (신성한) 뱀의 형상으로 변한다. 영국의 스톤헨지는 동지의 일몰과 하지의 일출과 하나의 축을 이루며 정렬되어 있다. 미국 아리조나 앤섬의 '앤섬 참전용사 기념비Anthem Veterans Memorial'는, 매년 참전용사 기념일인 11월 11일 정확히 오전 11시 11분, 햇빛이 다섯 개의 직사각형 판에 뚫린 다섯 개의 타원형을 관통해 하나의 완벽한 원을 이루며 미국 국새 모자이크만 정확히 비춘다. '구조(역학)의 시인'으로 불러 마땅한 건축가 칼라트라바Santiago Calatrava가, 테러가 발생한 9월 11일 아침 태양고도에 맞추어 디자인한 뉴욕의 WTC 지하철역 입구 구조물은, 매년 그 시점 햇빛을 바닥에 영접한다.

르페브르가 말했듯, 현대사회의 일상성의 특징은 축제의 소멸이다. 한국인에게 남겨진 축제들 또한 이제는 거의 사라지고 없다. 심지어 추석이나 설날도, 외국여행의 기회로 삼는 이들이 늘고, 국가 경축일은 그저 노는 날에 불과하다. 안식일처럼 일상의 시간을 멈추게 하는 것은 이슬람 문화밖에 없다. 축제뿐 아니라 의례도 없다.[104] 생로병사의 사건은 단순히 삶의 마디나 생리적 현상이 아니라, 삶을 의미화하는 사회적 행위, "관계적 생명을 확인하고 도덕적 삶을 이끌며 인간 생명을 미적으로 승화시키는 문화의 바탕," 반복을 통해 '생명의 약동elan vital'을 회복하는 의례로서, 시간을 질적으로 변화시키는 계기다. 그런데 오늘날 특히 우리에게 생로병사는, 의례라기보다 체면이나 위신 혹은 사회적 관계를 유지하는 잉여과업에 가깝다. 일상의 시간을 중단시킬 축제와 의례의 회복 혹은 재구축은, 개인과 연대하는 개인들의 몫이다.

신이 죽거나 떠나버린 세속사회에, 상대적으로 절대적 시간으로 남아 있는 것은 예술과 문화와 자연이다. 예컨대 오페라나 연주회나 영화의 시간, 그리고 예술작품과 만나는 시간이 거기에 속한다. 위대한 예술작품은 시대를 넘어 향유된다는 점에서 특히 절대적 시간이라 해도 무방하다. 혹은 무시간적이라고 할 수 있다. 여기서 흥미로운 점은 위대한 작품들은, 마치 축제처럼 거의 일정하게 반복적으로 우리 앞에 현시된다는 것이다. 그리고 그때마다 다르게 제시된다는 것이다. 그리하여

---

104 이향만 가톨릭대 교수는 "현대사회는 의례를 상실한 사회"로 본다. http://openlectures.naver.com/contents?contentsId=110001&rid=2907#literature_contents

그것은 반복(회귀)과 차이(생성)로 존재한다. 자연의 시간 또한 그러하다. 하루, 일주일, 한 달, 일 년 등 시간의 마디가 그렇다. 특히 계절은, 그리고 그와 함께 현상하는 자연현상들은 매년 어김없이 반복되지만 늘 다르다. 일본 건축가 안도Ando Tadao는 〈빛의 교회〉(1989)에서는 빛을, 〈바람의 교회〉(1991)에서는 바람을 지각의 주제로 삼아, 인간과 자연 간의 미학적 관계를 도모했다. 공간을 짓든 사물을 짓든, 거기에 자연의 순환적인 (여성적) 시간이 불시에 한껏 침입하도록 하는 것은, 짓는 이의 중요한 과제다. 우리는 그때 무엇이 된다. 혹은 무엇이 되도록 허락받는다.

어떤 노래

– 고은

바람이 분다
저절로
너는 풀이고
너는 나무이다

바람이 또 분다

저녁 바다

저절로 파도쳐

우리는 모두 무엇이 된다

문화 향유와 소득 수준은 비례한다.[105] 가난한 이들은 예술
작품과 만나는 절대적 시간에서 소외된다. 영화도 보기 힘든
데, 그나마 대부분의 상업영화들은 시간성이 결여된 단순한 오
락물에 불과하다. '다른 시간'의 경험은, 매체음악이 어쩌면 유
일할 것이다. 그토록 많이 사람들이 어디서든 귀에 이어폰을
꼽고 있는 것은, 그만큼 그들이 '다른 시간'을 절실히 필요로
한다는 뜻이리라. 시詩도 그렇지만, 특히 음악은 다른 시간으로
건너가는 다리요, 정동이 들러붙는 시간이다. 영화 〈비긴 어게
인〉의 대사가 흥미롭다. "댄: 이래서 내가 음악을 좋아해. 그레
타: 왜죠? 댄: 가장 따분한 순간까지도 갑자기 의미를 갖게 되

105　2008년 정부가 소득대비 문화예술 관람 횟수를 조사한 결과 월소득 400만 원
이상 7.68회, 300만 원 이상 6.11회인 반면, 100만 원 이상 2.74회, 100만 원 미만은 0.55
회로 뚝 떨어졌다. 2013년 연간 영화 관람 횟수 조사에서는 서울이 6.1회, 광주 · 대전 ·
대구 · 부산이 5회 정도 수준이고, 울산 · 충남 · 충북 · 경남 등은 3회 정도, 경북 · 세
종 · 전남 등은 2회 정도에 그치고 있다. http://www.knnews.co.kr/news/articleView.php?
idxno=1183199

니까. 이렇게 평범한 순간들도 음악을 듣는 순간 진주처럼 아름답게 빛나거든. 그게 음악이야." 가수 김창완은 음악과 언어에 들러붙은 정동에 대해 이렇게 말하고 있다. "'즐거운 곳에서는 날 오라 하여도 내 쉴 곳은 작은 집 내 집뿐이리~.' 제목은 '즐거운 나의 집'이지만 부르다 보면 뭔가 슬프다. (…) '뜸북뜸북 뜸북새 논에서 울고~' 하는 '오빠 생각'이나 '섬집 아기'를 부를 때도 슬픈 기분이 든다. 노래뿐만 아니라 가족, 가정, 집, 부모, 형제 이런 단어는 기쁨, 행복과 함께 슬픔이나 불행도 떠오르게 한다."[106] 가난한 이들은, 전기요금 폭탄을 맞지 않으려고 온몸으로 열대야를 견디듯, 데이터 요금이 무서워 음악마저 마음대로 들을 수 없다. 그들의 복지를 책임져야 할 정치인들이 야속하다.

우리 일상의 공간은 어떠한가? 우리의 도시는, 건물들은 어떠한가? 과장해서 말하자면, 심지어 집 내부공간을 포함해 우리 삶의 공간은 (거의) 모두 자본에 포획되었다. 자본에 의한, 자본을 위한, 자본의 생산물로 성립한다. 자본의 흐름을 가속화시키고, 자본의 축적을 용이하게 하는 방향과 형식으로 끊임

---

106 http://news.donga.com/3/all/20160812/79710208/1

없이 구축되고 재구축된다. 건물의 수명은 오직 자본의 축적 여부에 의해 결정된다. 하비가 썼듯, 자본주의는 "모든 공간적 장애물을 제거하도록 압박을 받지만, 그것은 조정된 공간의 생산을 통해서만 가능하다. 그러므로 자본주의는 그 역사의 특정 시기에 축적 그 자체의 동[력]학에 적절한 (…) 지리적 경관을 생산한다."[107] 2016년 베니스 건축 비엔날레의 주제 '전선에서 보고함Reporting from The Front'에 대해, 한국팀은 '용적률 게임'이라는 키워드로 화답했는데, 그것은 '공간의 온전한 자본화'라는 메시지를 전한 건축적 놀이였다. 우리의 공간은 자본을 생산하는 도구이자 진열상품이며, 우리의 도시풍경은 자본의 꽃이라 불리는 광고들로 요란하다. 우리의 시간 또한 자본 생산과 소비에 묶여 있다. 우리의 세상이 이렇게 되리라는 것을 오래전에 간파한 니체는, 다음처럼 역설한다.

"언젠가, 아마도 곧, 우리는 우리의 대도시들에 가장 결핍되어 있는 것을 좀 알아야 할 것이다. 반성을 위한 조용하고 넓은 장소들. 어떤 자동차들의 굉음이나 소음도 미칠 수 없

---

107   데이비드 하비, 『희망의 공간』, 최병두 · 이상율 · 박규택 · 이보영 옮김, 한울, 2001, 94쪽.

고, 심지어 성직자들마저 큰 소리로 기도하는 것이 예의상 금지되는, 길고 높은 천장의 회랑을 가진 장소들. 생각에 잠기는 것과 옆으로 물러나는 숭고성에 표현을 함께 부여하는 건물들과 장소들. (…) 우리는 **우리 자신**이 돌과 식물들로 번역되는 것을 보고 싶으며, 그 건물들과 정원들을 거닐어 다닐 때 **우리 자신 속에서** 걷고 싶다."[108]

초자본주의 사회는, 매끄럽게 이어지는 공간과 시간을 중단(파열)시키는, 그리함으로써 생각에 잠기게 하는 공간과 사물이 절실하다('시간 파열론'이라 부를 수 있겠다). 하나의 방편은, '지금'의 시점에서, 앞으로든 뒤로든, 먼 '거리'를 지어내어 시간성을 인식하거나 느끼게 하는 것이다. 아주 오래된 것이나, 먼 미래의 이미지를 지어내어 '지금 여기'와 나란히 두는 '과격한' 병치의 방식이다. 예컨대 강남대로변의 빌딩들 사이에 돌탑(형상)의 구조물을 짓는 것이 그러하다. 건축가 조성룡과 조경가 정영선이 합작으로 지어낸 〈선유도공원〉(2002)은, 과거가 현재 속에 하나의 응집된 주제로 나타나는 곳으로, 뭇 시민

108   Friedrich Nietzsche, *The Gay Science: With a Prelude in Rhymes and an Appendix of Songs*, trans. by Walter Kaufmann, Vintage Books, 1974. 226-227쪽.

들이 아껴 즐겨 찾는 공간이다. 건축가 조민석이 포털사이트 다음을 위해 지은 제주도의 〈다음 스페이스〉(2009)는, 구축의 물질과 형식이 흥미롭게도 미래가 아니라 먼 과거를 환기한다. 갈고리 모양의 삼차원 모듈이 조합된, 그래서 시작점도 종점도 존재하지 않는, 약간 거친 카푸치노 색조의 콘크리트 덩어리로 만든 다양한 크기의 배럴 볼트와 아치는, 서구의 옛 건물과 도시(토목) 구조물, 피라네시의 미로 등을 떠올리게 한다. 건축가 김효만은 자신의 근작 〈Flying House〉(2016)에서, 모더니즘 미학의 전형을 이루는 흰 면들과 해체적이며 과격한 기하학과 공간으로 구성된 구조물에 우리의 마당과 오래된 옛 정자를 위치시킴으로써, 시간성을 현존시킨다.

이 맥락에서 오랜 세월을 머금고 있는 옛 사물들은, 무조건 보존하는 것이 옳다. 통째로 보존하는 것이 어렵거나 현실적으로 문제가 많으면, 서울시립미술관처럼 일부라도 보존해야 하는데, 시급성을 환기하는 방식이면 더 효과적이다. 예컨대 서울시립미술관의 정면을 구성하고 있는 1920년대 대법원 건물의 정면이, 자립하고 있는 것으로 보이기보다, 마치 산소호흡기로 연명하듯, 현재의 기술에 의해 중력에 견디는 형식으로 구축되어 있다는 사실이 극적으로 나타난다면 더 좋을 것이다.

승효상의 〈쉿대박물관〉(2002)을 둘러싼 내후성 강판처럼, 인공적으로 녹슨 양태를 만들어 처음부터 오래된 것으로 보이게 하는 것도 하나의 방식이겠지만, 이것은 자칫 '빈티지 디자인'이라는 상품코드에 흡수되어 순식간에 시간성을 잃어버릴 가능성이 크다.

건축가 김인철의 최근작 〈PaTI〉(2016) 또한 시간성을 주제로 삼고 있지만, 앞서 인용한 니체의 "느린 화살"처럼 시간의 특질이 우리에게 천천히 그리고 오래 스며들게 한다는 점에서 좀 다르다('시간 삼투론'이라 부를 수 있겠다). 디자이너 안상수가 대안학교로 쓰고 있는 이 건물은, 건물 사용자에게 사용방식이 거의 온전히 열려 있어서, 마치 인생처럼 하나의 종국적인 결말 없이 (파괴되어 소멸될 때까지) 시간과 함께 변해가도록 디자인되었다. 그리하여, 거기서 우리는, 커가는 아이들을 볼 때 늘 그러하듯, 시간이 흘렀음을 '문득' 인식할 것이다.

또 다른 형식의 시간의 건축은 잠재성의 현실화에 기초한다. 공간(이나 사물) 그 자체가 아니라 인간과 공간(이나 사물) 간의 마주침encounter, 혹은 지어내는 공간(이나 사물)에 의한 인간과 인간 간의 마주침이 발생하기를, 예기치 않은 사태가 발생하기를 기다린다. '비움의 구축'을 키워드로 삼은 건축가 민현식은, 오랫동안 텅 비워진 마당을 그 지점에서 숙고하며 지어냈다. 자신이 만든 공간이 반성의 계기가 되기를 늘 희망하면서.

시간의 차원에서 공간과 사물을 짓는 데 중요한 것은, 인식과 감각을 중단시키는 것, 곧 습관적 인식과 감각으로부터 벗어나게 하는 것이다. 이것은 무엇보다도 우리로 하여금 유용성 혹은 도구성에 붙잡혀 있는 것의 해방을 도모하는 것으로서, 공간이나 사물이 시적詩的으로 나타나게 하는 것을 뜻한다.[109] 우선 시야를 끌어야 하고, 이어서 침투 불가능성(해독 불가능성)에 머물게 해야 한다. 그러니까 공간이나 사물을 지각하는 자의 편에서 판단 중지와 단속斷續적 사유가 사후적으로 이루어지도록 해야 한다는 것이다. 이 맥락에서, 공간이든 사물이든 혹은 이미지이든, 지어진 것이 쉽게 통합되지 않는 파편들로 머물거나, 그 속에 앞서 언급한 'Zeitlos(잃어버린 시간)'를 내포함으로써, 감상자(지각하는 자)가 주체적인 종합을 이루는 계

109　이에 대한 자세한 내용은 필자의 다음 졸고를 볼 것. 이종건, 『시적 공간』, 궁리, 2016.

기가 되도록 하는 것이다.[110]

들뢰즈가 "우발적 마주침contingency of an encounter"이라고 부르는 사태에서 특히 그러한 일이 발생하는데, 그는 1940년대에서 1980년대에 이르는 창조적인 감독의 영화들에서 발견할 수 있는 기법들을 통해 그것을 탐색했다. 닫힌 틀, 비합리적 자르기, 실험적 조명, 소리와 이미지 간의 불일치, 깊은 숏, 높은 각도와 낮은 각도의 숏, 인물들 간의 인습적인 거리의 재구성 등이 거기에 속하는데, 들뢰즈는 그러한 기법들이 어떻게 감상자들의 몸에 '동물적으로 파고드는지visceral register' 주목했다. 지난 이미지를 다시 아주 짧게 보여주는 플래시백처럼, 그러한 기법들은 '시간의 분열'을 (무자각하게) 발생시켜, 잠복된 이미지들이 현재의 순간에 끼어들도록 만든다. '사고가 고취하는 정동thought-imbued affect'을 포함해 모든 층위의 (침전된) 기억

110　수면 중에 활동하는 뇌의 방식이 그렇다. 잠이 든 후 첫 두 시간은 저주파 수면 시간인데, 이때 특정한 뇌 화학물질이 급감함으로써 정보들이 해마라 불리는 기억영역에서 대뇌 피질로 흘러들어간다. 다음 네 시간 동안 뇌는 일종의 내부대화를 통해 이 정보들을 온당한 네트워크와 범주에 배치한다. 수면의 마지막 두 시간 동안은 대뇌 피질이 활동적 수면 상태로 바뀌면서 뇌 화학물질이 다시 급증한다. 이로써 대뇌 피질은 이제 기억 창고를 왕복하면서 새롭게 만들어진 연관성을 확정한다. 이러한 종합 혹은 프로세싱이 반복되면, 우리가 처음에 지성에 의해 투사되었던 시간을 이중적으로 경험하는 데 더 가까워진다. William E. Connolly, 같은 책, 169쪽.

은, 코널리William E. Connolly에 따르면, 사고의 독창적인 구성적 차원으로서 우리의 자유의 역능에 필수적이다.[111] 말과 몸짓과 이미지와 리듬과 냄새와 촉각 등으로 구성된 기억의 혼합체는, 우리의 지각, 사고, 정체성, 신념, 그리고 판단 등이 자리 잡는 감수성을 규정하는 데 이바지한다. 문화의 생산과 소비가 시간성의 차원에서 개입할 수 있는 것은 그 지점이다.

---

111   William E. Connolly, 같은 책, 98쪽.

0
에필로그

　글을 끝내고 보니 필자의 입장이 난처하다. 누군들 그렇지 않겠느냐만, 필자 또한 잘 살고 있다고 말하기 어려우니 말이다. 고백건대, 필자의 삶도 녹록지 않다. 그리고 감히 삶에 대해 지적질할 수준도 처지도 아니다. 무엇보다도 삶에 대한 지적질은, 필자가 무척 싫어하는 언사言辭다. 그러니 짧은 변명이 필요하겠다. 필자 또한 참으로 인간답게 살고자 하나, 도대체 어떻게 사는 것이 잘 사는 삶인지, 삶의 실재인 시간은 또 무엇인지 썩 명쾌하지 않았다. 그리고 이 책을 다 쓰고도 그리 투명하지 않다. 그럼에도 불구하고 이 책을 세상에 내어놓는 것은, 그 물음을 먼저 껴안고 숙고한 필자의 생각이, 그 물음을 심화하거나 대답을 모색하는 다른 이들에게 한 치 도움은 되지 않을까 판단해서다. 대답이라기보다 대답을 구성하는 데 필요한 재료들쯤으로 생각하면 좋겠다. 행여 문제가 눈에 띄거든, 가차 없는 질책과 조언을 청한다.

"사람들은 늘 내게 늦었다고 말했어요. 하지만 사실 지금이야말로 가장 고마워해야 할 시간이에요. 진정으로 무언가를 추구하는 사람에겐 바로 지금이 인생에서 가장 젊은 때입니다. 무언가를 시작하기에 딱 좋은 때이죠."[112] 가난 속에 태어나 미술교육도 안 받고 평범한 삶을 살다 75세에 그림을 시작해 101세까지 1600여 점의 작품을 남긴 미국의 국민화가 모지스 Anna Mary Robertson Moses가 한 말이다. 100번째 생일 때 모인 사람들에게 그녀가 남긴 말은 이러하다고 전해진다. "하고 싶은 일이 있으세요? 그럼 그냥 하시면 돼요. 삶은 우리가 만들어나가는 것이에요. 언제나 그랬고, 앞으로도 그럴 겁니다."

책을 손에서 놓으면서 파스칼의 말을 한 번 더 되뇐다. "인

---

112   이소영, 『모지스 할머니, 평범한 삶의 행복을 그리다』, 홍익출판사, 2016.

간의 모든 불행은 홀로 고요한 방 안에 앉아 있을 수 없는 것에서 비롯한다."

· 데이비드 하비, 『희망의 공간』, 최병두 · 이상율 · 박규택 · 이보영 옮김, 한울, 2001.

· 발터 벤야민, 『발터 벤야민 선집 5』, 최성만 옮김, 도서출판 길, 2008.

· 이소영, 『모지스 할머니, 평범한 삶의 행복을 그리다』, 홍익출판사, 2016.

· 프리드리히 니체, 『인간적인 너무나 인간적인 I』, 김미기 옮김, 책세상, 2001.

· 피에르 쌍소, 『느리게 산다는 것의 의미 1』, 김주경 옮김, 동문선, 2003.

· 황수영, 『물질과 기억, 시간의 지층을 탐험하는 이미지와 기억의 미학』, 그린비, 2006.

· Brian Massumi, "The Autonomy of Affect," *Deleuze: A Critical Reader*, edit. by Paul Patton, Blackwell, 1996.

· Edward T. Hall, *Beyond Culture*, Anchor Books, 1976.

· Friedrich Nietzsche, *The Gay Science*, edit. by B. Williams, trans. by J. Nauckhoff, Cambridge University Press, 2001.

· Friedrich Nietzsche, *Twilight of the Idols*, trans. by R. J. Hollingdale, Penguin Books, 1968.

· Gilles Deleuze and Félix Guattari, *A Thousand Plateaus*, University of Minnesota Press, 1987.

· Gilles Deleuze and Félix Guattari, *Anti-Oedipus*, trans. by R. Hurley, M. Seem and H. R. Lane, University of Minnesota Press, 1983.

· Hannah Arendt, *The Life of the Mind*, Vol. 1, A Harvest Book, 1971.

· Hartmut Rosa, *Alienation and Acceleration: Towards a Critical Theory of Late-Modern Temporality*, NSU Press, 2001.

· Henri Bergson, *Matter and Memory*, trans. by N. M. Paul and W. S. Palmer, Zone Books, 1990.

· Jean Baudrillard, 1976, *Symbolic Exchange and Death*, trans. by I. H. Grant, intro. by M. Gane, Sage, 1993.

· Jean-François Lyotard, 1974, *Libidinal Economy*, trans. by I. H. Grant, Athlone, 1993.

· Jeremy Rifkin, *Time Wars: The Primary Conflict in Human History*, Touchstone, 1987.

· Josept Alois Schumpeter, *Capitalism, Socialism and Democracy*, Harper Perennial, 1950.

· Julia Kristeva, *Intimate Revolt*, trans. by J. Herman, Vol. 2 of *The Powers and Limits of Psychoanalysis*, Columbia University Press, 2002.

· Karl Marx, "The Communist Manifesto," *Karl Marx: Selected Writings*, edit. by David McLellan, Oxford University Press, 2000.

· Karl Marx, *Capital*, Vol. 3, trans. by D. Fernbach, Penguin Books, 1981.

· Paul Virilio, *The Information Bomb*, Verso, 2000.

· Pierre Bourdieu, *The Logic of Practice*, Stanford University Press, 1990.

· St. Augustine, *Augustine: Confessions and Enchiridion*, trans. and edit. by Albert Cook Outler, Christian Classics Ethereal Library, Book Eleven, Chapter XIV.

· William E. Connolly, *Neuropolitics: Thinking, Culture, Speed* (Theory Out Of Bounds), University of Minnesota Press, Kindle Edition, 2016.

· William E. Connolly, *Neuropolitics: Thinking, Culture, Speed*, University of Minnesota Press, 2002.

살아 있는 시간

1판 1쇄 찍음 2016년 9월 26일
1판 1쇄 펴냄 2016년 10월 5일

지은이 이종건

주간 김현숙 | **편집** 변효현, 김주희
디자인 이현정, 전미혜
영업 백국현, 도진호 | **관리** 김옥연

펴낸곳 궁리출판 | **펴낸이** 이갑수

등록 1999년 3월 29일 제300-2004-162호
주소 10881 경기도 파주시 회동길 325-12
전화 031-955-9818 | **팩스** 031-955-9848
홈페이지 www.kungree.com
전자우편 kungree@kungree.com
페이스북 /kungreepress | **트위터** @kungreepress

ISBN 978-89-5820-412-1   03100
ISBN 978-89-5820-413-8   03100(세트)

값 10,000원